因大寛

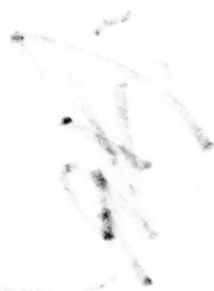

我值得拥有美好

周小宽 著

湖南文艺出版社
HUNAN LITERATURE AND ART PUBLISHING HOUSE

博集天卷
CS-BOOKY

目录
contents

第一章 拒绝自我折磨，快速走出负面情绪

不能表达愤怒，
活得完全没有攻击性的人，
其实是活得很不健康的。

第二章　学会拒绝，守护自己的心理边界

我们不可能活成一个让所有人都满意的人，
我们需要有被别人讨厌的勇气。

第三章　接纳真实自我，调整内心期待

人与人的关系不是一成不变的，
我们给自己的定位也不该是一成不变的。
总把自己维持在一个固定的位置上是很消耗心理能量的。

第四章　做个觉察者，创造真正享受的亲密关系

一个没法让自己舒服的人
并不真的拥有让别人舒服的能力。

第五章　高能量地活出淡定和喜悦

很多人的痛苦来源于
不知道怎么和不够好的自己相处。

爱自己，不是说说而已

你好，我是周小宽，是一名心理咨询师，也是一位心理学写作者。在我的咨询工作中，在我的公众号"树洞"里，我遇到过很多内心受到巨大困扰，想要好好活、好好爱自己，却始终陷在某个困局里找不到出路的来访者和读者。

他们的痛苦归纳起来，大概有这样几种：习惯性地否定自己，觉得自己这不好那不行；拿自己和别人比较，把自己搞得很焦虑；无法拒绝别人，常常讨好别人；过度在意别人的评价和情绪，希望得到所有人的认同却得不到；看到别人不开心，马上就会产生内疚和沮丧的感觉，觉得这是自己的错；等等。

我能够看到来访者和读者都是想要去爱自己的。然而，爱自己这件事不是每个人都会做的。

而在"不会爱自己"背后，其实隐藏着非常深的心理真相：那是来自原生家庭的创伤；是在父母不够好的养育中形成的极低的自我价值感和不配得感；是从未被接纳和看见，因而常常无视自己的情绪，只会讨好对方；是活在被抛弃的恐惧里，不断掏空、耗尽自己，不断割让界限，不断付出……

一

在我看来，他们都是很好的人，想要成为受欢迎的、更好的自己。但问题在于，他们并不知道，其实**他们活在一种看不见的强迫性重复里，不断否定自己，用把自己压低到尘埃里的方式去求取爱和关系的稳定。这只会使他们每天活在一种糟糕的感觉中，心理能量越来越少，能够承载负面情绪的空间也越来越少。**

我的一个来访者就是这样，她总是小心翼翼地希望得到所有人的肯定，想要让大家都满意，她说，只有这样，她内心才能体验到平静和踏实。如果有人对她不满，如果她拒绝了别人，她就觉得自己好像被全世界抛弃了。她说："这是一种难以想象的可怕感觉。"

她活得很累，不管是在公司里做员工，还是在生活里做妻子、儿媳和妈妈，她都尽了自己最大的努力，却仍然会被挑剔。她常常陷入自责，在生活中的隐忍越来越多，积累的怨恨也越来越强烈，以至于有一天，她发现自己根本无法控制对孩子的吼叫和暴躁，而她和丈夫的关系也越来越冷淡。

她跟我说："我想做个好妻子、好妈妈，可我做不到。这种生活太累了！我不懂得表达自己的需求，我想让所有人都满意，结果情况却更加糟糕。我耗尽了自己。"

我告诉她，如果她不开始自我觉察，建立自己的边界，停止内耗，而继续让这种状态持续下去，那么她可能不得不放弃婚姻、工作甚至生活，彻底陷入对自己的怀疑和攻击中。更严重的是，她会失去对自己的相信和掌控。

不断掏空自己、压抑自己，然后去满足别人，其结果就是耗尽自己，在累积大量愤怒后，毁掉关系本身。

也许你的模式是原生家庭的养育赋予的，但是你和这种无休止的重复之间隔着一个决定：你是否决定看见过去的真相，并告诉自己"我可以活出不一样的人生，我值得拥有幸福和美好"？

我们必须要意识到，**唯有先拥有自己，才能拥有好的关系；唯有让内在的自己平衡和舒服了，才能和别人建立长期的、有生命力的、流动的、健康的关系。**

对于爱自己这件事，你需要的不是别人的许可，而是去了解真实的自己，去安抚自己内心的伤口，去看见自己的不容易，去理直气壮地给自己肯定和奖赏。不是拥有了别人的爱和承认，你才能够去爱自己；不是有人爱你，你才配得到好的生活。建立这个认知，才是成为更好的自己的开始。

二

"心理能量"这个概念是心理学家荣格提出来的。荣格认为，一个人的人格结构要正常活动，就需要有一个动力系统。这个动力系统就是心理能量，它是一种普遍的生命力。

心理能量匮乏的人无法让自己的人格稳定且独立地运转，只能依附别人，这样他们在关系里才能存活。**他们常常活在对自己的否定中，因为否定自己而失去自信。**

而心理能量极度匮乏的人就好像发动机已经耗尽了油，不再有动力，因此难以完成各种日常情绪的消化。当负面情绪完全盖过正面能量时，整个人就会被黑暗笼罩，看不见希望和阳光，可能就会陷入抑郁。

很多人并没有幸运到有足够幸福的童年来治愈自己的人生，所以他们本来心理能量就不高，没有被好好爱过，被看见过，本来就是不安的，不相信自己的。

因此，他们长期处于自卑中，不断讨好别人，无法坚持自己，习惯性地后悔，有强烈的无力感，高度焦虑，完美要求自己，无法摆脱内疚，极度害怕犯错……而这些又会继续消耗他们的心理能量，在他们内心引发冲突，让他们陷入持续的自我怀疑和指责中。

一个人长久地陷入情绪低落和内心冲突中，会出现抑郁症、焦虑症、睡眠障碍，出现心理问题引发的身体疾病，比如皮肤过敏、头晕乏力、乳腺疾病、胃病、痛经、甲状腺疾病、偏头痛、心血管疾病等等。

所以，我们要去面对那个不敢爱自己，而只会评判自己的"自我"；我们要对那些我们默许的损耗心理能量的行为和关系进行觉察和反思，停止对自己的攻击和损耗，摆脱那些潜意识里的自动化思维，重新塑造一种积极的、自我接纳的人格模式。

三

我的公众号后台每天都会收到很多留言，有的留言内容很相似：你的文章深深打动了我，看了文章后，我解决了困扰自己多年的内心问题，解开了束缚自己的心结，从此我感觉自己的世界不一样了。

有的人留言说，看到我的文字后，一次次地释怀，感到自己被理解了，被原谅了，自己一次次地成长着，希望自己最终能成为守护内心小孩的真正的成年人。

还有一位重度抑郁症患者在我的一篇关于学会爱自己的文章后面留言说，如果早几年看到这篇文章，他就不会患上这么严重的抑郁症了。

我每天都会收到这样的留言，我才发现，原来有那么多人并不知道自己默许着别人的侵犯和伤害，背负着没有必要的内疚和自责。其实，他们并不懂得爱护自己。他们活在一种糟糕的模式里，得不到肯定，还在不断掏空自己，取悦关系中的他人。

让我印象特别深刻的是，一位来访者从外地坐火车来找我，她告诉我，她偶然在书店看到了我的书，突然内心好像被抚平了，她感受到了一种从未有过的平静。

我想，也许这是我的文字传递出的来自一个咨询师的接纳的力量，我看见了他们，而心理学通过我的文字帮助了他们。这让我意外，也深深触动了我。

在爱自己这条路上，孤身一人去努力是很困难的。因此，我常常会鼓励大家去找一个自己的咨询师。

走出自我的沼泽和黑暗，需要从外界获得力量，而不是仅仅靠自己。很多努力想要活出自己的人等待着一个新的开端，他们期待有人可以给他们力量，为他们解开多年的内心束缚，教他们抵抗那些不断从他们这里索取的关系，帮助他们找到让内心更强大的方法。

这是我2019年在喜马拉雅平台开设心理课程的初衷，也是我做这门课程的动力。

你翻开的这本书就是这门课程的内容集结。不管是音频，还是文字，我希望你找到合适的方式去帮助你自己。我希望通过这样的分享，和你建立连接，把提升心理能量的方法和接纳当下的自我的力量传递给你。

你要相信，你值得拥有美好。

但"爱自己"不是简单的三个字，而是一门需要学习的人生必修课。

这个世界，我们只会来一趟。

在这一趟中，我们最能倚靠的就是自己。

如果没有人能够接纳糟糕的你，你在这本书中会体验到被接纳；

如果没有人能够理解真实的你，你在这本书中会感受到被理解；

如果你害怕掉落，希望你在这本书中找到自己接住自己的方法。

我是周小宽，我在这里等你。

（本书中的所有来访者案例和故事都得到了来访者本人的授权）

第一章

拒绝自我折磨，快速走出负面情绪

不能表达愤怒，活得完全没有攻击性的人，
其实是活得很不健康的。

你习惯做个老好人吗？

你敢不敢和别人吵架？会不会很怕跟人吵架？

我的建议是：可以允许自己偶尔跟人吵吵架。当然，我不是鼓励你吵架，而是支持你合理表达愤怒。因为说不出的愤怒有毒，这种毒会变成心理上的毒，耗损你的心理能量。

一

我有一个朋友，几年前得了抑郁症。其实她看起来是个开朗的人，不是那种很哀怨，想不开的人。她30岁出头，在一线城市的一所重点中学当老师，因为没有结婚，所以常常被学校里的各色人等评头论足，承受了很多来自父母、亲友的压力。她不是一个会跟人吵架的人，从来没有跟人发生过什么冲突，甚至从来没有试过很大声地去对父母表达自己的不满。无论她有多不喜欢被别人当面问起婚姻情况，她都没有办法直接说"请你们不要打听我的私事"。她就一直这样被动地接受着所有人投来的询问和加了引号的好意。

别人对她的所有负面评价，她都没有反驳，她产生的负面情绪没有表达出来，堆积在心里，在身体里聚集。在这个过程中，因为无法表达这种生气，她也很生自己的气。也就是说，她不只是对别人感到愤怒，而且对忍受着这种对待，毫无反抗能力的自己也感到愤怒。双重愤怒折磨着她，最后她得了抑郁症。

从心理学的角度来说，愤怒是一种很常见的情绪，带有攻击性，而表达攻击性是每一个人的本能。**不能表达愤怒，活得完全没有攻击性的人，其实是活得很不健康的**。所以有时候，如果你发了火，有人称呼你泼妇，你可以笑一笑回应他。能做个"泼妇"，这说明：第一，别人不能随便欺负你；第二，你有表达愤怒和攻击性的能力。

人每天都会产生大量的情绪，多数人都能经过修炼和自省变得相对平和。你可以原谅他人，但是你不可能365天，每天24小时都是这样的状态。如果你是这样的状态，那就说明你一直戴着面具生活，是不真实的。

人人都会愤怒，人人都会有攻击性。如果我们活在身份的条条框框里，没办法将愤怒的情绪导出来，那么这份被压抑的愤怒的能量储存在我们的心里，储存在我们的身体里，会引起怎样的结果呢？一方面，愤怒的能量导不出去，我们攻击不了别人，就会转而攻击自己；另一方面，如果愤怒的能量一直被我们压抑着，身体就可能罹患一些疾病，比如乳腺病，还有胃病、肝病等。

二

没有表达出来的负面情绪每天都影响着我们的心理健康和身体健康，开始时影响可能是微乎其微的，但是日积月累，就会产生严重的后果。

有一个说法是，"得抑郁症的都是好人"。当然，这不是一个绝对客观、科学的说法，因为大脑化学物质的不平衡也是导致抑郁症的原因之一。但是，为什么人的大脑化学物质会不平衡呢？除了遗传基因，这还和我们的神经系统的运作有关。试想一下，你的神经系统长时间处于不正常的工作状态，久而久之，就会出现功能性的问题。

所以，**不要经常压抑愤怒，要么消化处理，要么用某种方式表达出来。**

实际上，我们每个人的生活都各有各的艰难，不会十全十美，我们总会被自身的负能量和他人投射过来的负面情绪所围绕。如果你在"从不发火，从不失控，从不表达愤怒，从不攻击他人"这四个"从不"里面有两个"从不"，那么我可以说，你的情绪是没有办法正常表达的。负面情绪转化成负面的心理能量，然后和正面的心理能量互相抵消，当负面能量越来越大，而正面能量没有办法去处理的时候，人就会进入抑郁状态，心理功能就会变得比较糟糕。

有的人之所以不能表达愤怒，是因为担心一旦将愤怒表达给对方，对方可能就不再喜欢自己，会离开、抛弃自己。通常这种人的原生家庭是从小就不允许他自由表达负面情绪的。一旦他对父母表达出否定或者愤怒，可能就会有非常可怕的事发生，比如父母威胁不再爱他，要离开他，或者直接使用暴力，或者用冷漠的方式来回应他。由于从小在表达负面情绪的时候总是无法被接纳，慢慢地，他就变得不敢表达负面情绪，不敢表达自己的愤怒。

就像我前面举的例子，我那位患了抑郁症的老师朋友之所以不敢表达愤怒，也是因为她在原生家庭里一直有很多愤怒无法表达。她有一个成绩比她优异得多的姐姐，小时候，姐姐经常得到父母的夸奖，而她从未得到父母的表扬，是父母口中不够好的孩子，所以她不自信。比不自信还要糟糕的是，因为得不到父母的支持和接纳，她总是无法确定父母对自己的爱，她从小就会不自觉地讨好父母，害怕失去父母的关注。所以，尽管她一直觉得父母偏心、不公平，却从不敢对父母说出自己内心的委屈和愤怒。

要特别提醒一下女性朋友们，和男人相比，女人更容易活在一些受约束的条条框框里。我们从小所受的各种教育，对女性性别的认同，要求女孩应该怎样、不能怎样，以及社会的眼光，让我们活得比男人更不自由，更压抑自己。比如，女人似乎就应该是娴静温柔的，善解人意的，一个吵架的、愤怒的、生气的女人会被说成泼妇，会不被男人喜爱，甚至会被一些女性朋友瞧不上。但是，如果总是要保持这种娴静温柔、温和有礼，生生地将自己的愤怒憋回去，那么你不但没有办法维护自己的边界，还可能产生各种情绪问题，从而引发身体疾病。

三

你是不是这种不敢表达愤怒的人呢？

你是不是很在乎别人的看法，很想得到别人的肯定，担心自己把愤怒说出来，自己和别人的关系就无法再修补呢？

如果是，那么我的建议是：当你非常愤怒的时候，请忘我地发一次火，看看会不会毁掉你的世界。别把自己固化在一个好人、一个优雅的人、一个能够承担很多情绪的人的人设里。

在你的脑海里，可能表达愤怒只有一种形式，就是毁灭式的，但其实表达愤怒有很多种方法，不一定要吵架。你可以在发生让你生气的事情之后，给对方发微信、短信，或者写邮件，告诉对方你当时的情绪：你受到了伤害，感觉被冒犯了，或者不被尊重，你非常愤怒，等等。你还可以告诉对方，如果他总是这样做，将会带来什么后果。

即使是用最平静温和的态度，也要将你的情绪表达出来，看见它、承认它也是对愤怒的一种处理。

要学会告诉自己，如果因为表达愤怒而影响了关系，那么这种关系也没什么价值。

一段对你来说很重要的关系，一个你很在意的人，如果连你的一点负面情绪，真实的愤怒和感受都没有办法承受的话，那么这段关系、这个人对你来说又有何意义呢？它可能既不是真的友情，也不是真的爱情，甚至不是真的亲情。我们应该在生活中去芜存菁，找到那些能滋养我们的关系，找到那些可以让我们表达愤怒，甚至和他吵架了也不会离开我们的人。当然，反过来，我也会建议你，多给对方一些信任，相信即使你生气、愤怒了，他也不会全无回应，或者就此离开。

这样的体验是一种正向的疗愈，能让你的心理能量得到累积，从而建立起更多的自信和安全感。

不开心时，一定要想办法开心吗？

当你面对"不开心"这三个字时，是不是会有一种本能的抵触？离苦得乐似乎是驱动我们往前走的一种动力，或者说我们认为，人活着就是要开心。

但也许这恰恰就是我们痛苦的根源。

一

我经常会遇到一些来访者，有一种对于"我要开心，我要快乐"的强迫症。当你听到"强迫症"三个字的时候，第一反应可能是，有些人需要不停地洗手，有些人需要不停地拖地，有些人需要不停地倒垃圾。没错，这是一种强迫。"强迫"的意思就是"我不能不这样，我无法停止这样"。其实，关于快乐的强迫症也一样存在于我们的生活中，可以说，在很多人的人生里无处不在，它甚至成了很多人焦虑的根源：我不能不快乐，我一定要快乐。

　　为什么我们会产生"我一定要快乐"的强迫症？正如前面所讲，我们对"不开心"常常是抵抗的，认为这是负面的。每当我们触及一些负面的情感、负面的情绪时，比如痛苦、悲伤、自卑、焦虑、抑郁，包括不开心、不快乐等等，我们便马上本能地觉得它们代表着"我不成功，我很失败，我是一个失败者，我没有把我的人生过好"。也就是说，从意识层面到潜意识层面，我们非常抵触不开心，不允许自己在不开心的状态里稍稍停留。

　　然而，这种对不开心的抵抗，以及对快乐的强迫，只会加深我们的焦虑，让我们更加难以快乐。

　　举个例子，这个周末，你的情绪可能比较低落，因为你从周一到周五比较拖延，没有很好地完成领导给你规定的工作任务，你对自己很失望，所以周末过得很焦虑，很不开心。到了周一，你的糟糕情绪可能会叠加，这个叠加的糟糕情绪包括你没有按预期完成上一周的工作任务所产生的失望与焦虑，还有你对自己又浪费了一个宝贵的周末所产生的愤怒。也就是说，你心里有一句潜台词是：我本该将周一到周五的事情放在过去，让我的心情不受到影响，快乐地度过一个周末，结果我白白浪费了。

　　再举一个例子，我有一个女性来访者跟我讲，她童年时印象非常深的事情就是很期待周末和爸爸妈妈去公园玩，因为父母都非常忙，周末可以一起带她出游的机会不多。好不容易等到一个周末，一家人可以去公园玩了，往往在路上，父母因为一些很小的事情而发生争执，结果玩得很不开心，甚至有时还没到公园，就打道回府了。这使她体验到强烈的失望，每当她回忆起这些，她内心的感受就是：我盼望已久的快乐在这一刻破灭了。

当她结了婚，生了孩子，和先生一起带着孩子出游的时候，她常常会在路上和先生因为很小的事而发生争执，有时候仅仅是因为先生自驾走错了一个高速路口，她就非常崩溃和生气，以至于一整天都没有办法再恢复快乐的状态。虽然长大后，她出游的机会已经远比童年的时候要多得多。

我问她究竟为什么要这么生气，她说因为先生走错路，破坏了这份开心，这让她产生了和童年时一样强烈的感受。我告诉她，她对先生在高速上走错路的愤怒是来源于对快乐的一种强迫，正因为她在内心希望此刻的快乐是完美无缺的，不能够容许自己此刻进入一个糟糕的、快乐被打破的状态，所以她无法调控自己的情绪。

其实我们回到真实的生活中去看，你期待中的出游也好，美好周末也罢，可能都会出现一些意料之外的事情，这是很难去回避的，它会给我们带来一些不开心的体验。但是，如何去面对这些不开心的体验，这是我们自己可以尝试去调试的。

假如我们对快乐的强迫少一点，能够接纳生活当中有那么一些不快乐，我们反而容易回到快乐的状态。比如上面这个周末出游的场景，这位来访者不能接纳自己期待的开心被破坏，所以一整天都不开心。如果她只用五分钟来生气，五分钟之后就能够去接纳丈夫犯的小错误所带来的出行的小麻烦，那她仍然可以享受出游的乐趣。

对快乐要求越多，你的焦虑就会越多。你会逼迫自己给出一个快乐的指标，要求自己这周一定要开心，这一生一定要快乐。那么，**快乐就变成了一个执念，你可能会因此耗费更多的能量去假装开心。**

二

那么，我们应该怎样减少对快乐的强迫呢？

首先，对一些所谓的负面情绪要有正确的认知。我们应该了解，每个人的内心都会有很多负面的情感，从心理学角度来讲，不开心是很正常的，是一定会存在的。就像我们常常讲的光明与阴影，当你把开心比喻成光明，不开心就是阴影。你想要逃避不开心，可能是想要告诉自己，也告诉其他人，你活得很成功。关于成功，有些人是用收入来定义，有些人是用社会地位来定义，还有些人是用快乐来定义。用快乐来定义成功并不比前面的更高级，因为你的快乐一样是有指标、有标准的。

举例来说，有的妈妈在周末远离城市，带着孩子去吃农家饭，摘草莓、荔枝等等，看起来好像是一幅很惬意的画面。但我曾经跟这样带着孩子出行的妈妈聊，她很坦诚地告诉我，最后她将出游的照片发在朋友圈的那一刻，才是她觉得值回票价的一刻。因为她想要表现出自己是一个快乐的妈妈，工作之余还有自己的休闲生活，而且她的休闲生活脱离了世俗，不是去什么餐厅和网红景点打卡。所以，其实她是在朋友圈打卡。她的快乐是要拿来做评估的：我是不是一个成功的妈妈，我是不是一个成功的女性？我是不是将家庭和事业平衡得很好？等等。

三

其次，要明白我们的生活是需要有"不开心"这个部分的。

有的人觉得抑郁是一种失败，但从心理学的角度来讲，有一个观点认为，有时候，抑郁情绪是对自己的一种保护。因为人们不能处在非常亢奋的状态下太久，那样非常消耗能量。有时候，抑郁代表了一种悲伤，是对丧失的哀悼。从潜意识层面来讲，我们的生活中需要有"哀悼"这个部分。

弗洛伊德曾写过一篇非常著名的文章，名字叫《哀悼与抑郁》，他讲抑郁的成因，说抑郁症不是洪水猛兽，就像一些人生病了，才能躺下休息一样，因为那个时候，人们才能够自然而然地允许自己处在一个情绪比较低落的状态。

情绪低落和不开心恰恰是人生的一种平衡。你的人生不可能完全由快乐构成，就好像你的人生不会完全由完美构成一样，它不会完全符合你的期待。所以，对于不快乐，我们同样要有一个接纳的思路。如果你能够更多地接纳你的不快乐，你的情绪调控能力就会更好，你的内心就会变得更强大。

我们需要面对一个真相：其实人生的快乐并没有我们想象的那么多，而人生痛苦的比例，无论你怎么去规避，可能都是过半的。林清玄在他的文章里写道，人生不如意之事十有八九，实际上我们常常说这句话，却也常常忘了这句话的内涵。如果我们真的时刻提醒自己，人生不如意之事十有八九，那我们反而应该感到庆幸，因为我们的不如意还没有八或者九那么多。

总之，如果我们在生活中只想要追求快乐，那么求而不得的痛苦反而会让我们更加难以承受。如果我们把对开心的期待降低，把对不开心的容忍度提高，那我们不开心时的痛苦、自责、挫败感就会减弱。

在我的咨询生涯中，有些来访者会一直讲他因为生活中各种大大小小的事情而如何不快乐，最后他发现，咨询并不是在帮他解决不快乐的事，而是帮他去理解生活本来就是由很多痛苦构成的。当他意识到这一点时，可能他一瞬间就成长了。

如果你不喜欢不开心的感觉，也可以想一些办法，比如做一些其他事情来转移注意力。你也可以尝试做一些情绪控制。有时候，只要你换一个角度来看待让你不开心的事情，就能有完全不同的感受，就能慢慢开心起来，就像"塞翁失马，焉知非福"带给我们的启发一样。

照顾别人的情绪之前，
先照顾自己的情绪

如果你总是先照顾别人的情绪，然后才顾得上自己，那现实的情况可能是，你活得根本没有自己。"活得先人后己"，做别人的情绪拯救者其实是很累的。

一

为什么有的人会一直背负着别人的情绪生活，而顾不上照顾自己呢？

曾经我的一个来访者在咨询时提到，她特别害怕和朋友去餐厅吃饭，哪怕是非常好的朋友。假如去餐厅吃饭，她会特别累。累在哪里呢？首先她不能正常表达出自己要吃什么的意愿，如果另外两三个朋友说"今天我们要吃辣的"，她就没有办法说出"今天我喉咙有点痛，有点上火，我们能不能不吃辣的？"。另一方面，一旦坐下来，她就会开始照顾别人，不允许自己在任何一个细节上让朋友或者客人有一点点不舒服的感觉。特别是如果是她邀请的对方，她就会一个劲地给对方夹菜、装汤、倒茶。朋友需要服务的时候，她也会很主动地去叫服务员。

如果饭桌上聊天突然停止，有一些短暂的沉默，她便受不了，觉得自己必须马上说点什么，去搞好气氛，制造一些话题，去照顾说话说得少的那个人。也就是说，这个饭局一旦开始了，她就会想尽办法让每一个人都快乐和满意。

所以，她跟我说，一顿饭吃下来，她特别累，回到家后，她就只能躺在床上，不能动了。

这种情形并不少见，像她这样一直以他人的情绪为先的人，会特别在意他人的情绪反应，会像个陀螺一样，为了得到别人好的情绪反应，一直在那里行动，根本停不下来。

我问她，为什么你要这样去照顾别人？假如你没有主动给朋友夹菜，假如饭桌上有沉默，那一刻，你的感觉是什么？来访者告诉我，她很害怕朋友不开心，她说："如果朋友有一点不开心，我马上就会觉得她不开心是因为我，因为我不够好，我没有办法让她满意。我的自我就好像坍塌了一样。"

也就是说，她会将别人的不开心归因于自己。这是心理学里面的一种不合理的归因——向内归因，别人情绪不好都是因为我，我对他人的情绪负有责任，而且别人一不高兴，就代表我做了糟糕的事情，代表是我不好。那么，为什么她会体验到一种自我坍塌的感觉呢？因为**凡是过度照顾他人情绪的人，其自我感觉是完全建立在别人的反应上的，或者强烈地被别人的反应如一个**

眼神、一个表情、一句话所影响。

哪怕是发出一条微信，对方没有回复，或者发了新的朋友圈动态，一直点赞的某人刚好没有点赞，他们内心都能翻滚半天。

如果别人的世界是晴天，他们就会感觉自己的世界也晴空万里；如果别人的脸色阴沉下来，他们内心就跟着狂风暴雨、暗无天日了。

二

将别人的情绪归因于自己，并且核心自我也倚赖别人的情绪反应而建立，好像别人的举手投足就是你的打分体系。如果你的自我是这样的话，那是不是很不稳定，很被动，无法自主？如果一个人没有形成一个稳定的核心自我，没有关于自我的恒定感，并且不相信自己是足够好的，或者根本不知道自己是好还是不好，那么这个人就需要将别人的情绪都变得和自己相关，并且需要不断在别人的情绪反馈里去确定，去试探。这是一个很普遍的关系模式。我们常常谈到自信，说要活出喜悦平和的自己为什么很难呢？其实这一切的前提就是要建立一个稳定的核心自我，对于自我，要有一个相对稳定的信念，比如我确信我有能力，我是优秀的，我是善良的，等等。那么，如何理解与稳定的核心自我相反的"自我坍塌感"呢？我们可以想象一个建筑物，如果这个建筑物是由一层一层的砖和混凝土搭建起来的实体的建筑，那它肯定不可能是一碰就倒的。但如果这个建筑物的内部是空心的，没有什么支柱，那可能大风一刮或者被什么东西一撞，它就坍塌了。所以，自我坍塌是因为人的内心其实是没有支柱的，或者是空心的。

为什么许多人没有办法建立稳定的核心自我呢？这与原生家庭的养育方式有关。在原生家庭里，我们是从父母对我们的反应中构建自我的感觉和认知的。很多人没有内化一个好的客体关系，因为很多父母的心理功能还没有成熟到可以提供心理学意义上的"足够好的养育"，他们情绪起伏不定，人格不稳定，对孩子的滋养、关注、接纳都很缺失。这样，孩子会习得一种模式，总想做点什么让父母看见自己，让父母关注自己，对父母证明自己的价值，进而去关注父母的情绪，把父母的情绪变好，这样他就能感觉到自己对父母是有用的，是有价值的。所以，久而久之，在这样的家庭氛围中长大的孩子就会在其他人际关系中复制小时候习得的模式，在别人身上去寻找关注和存在感，把别人的情绪变化弄得好像是自己的事情，一旦别人不高兴了，就觉得自我坍塌了。

如果你一直活在这样的模式里，就需要通过觉察，去做一些反模式而行的事情，去增加对自己的关注和肯定，更在意自己的情绪，先去照顾自己的感受。

三

不得不说，在这种过于照顾他人情绪的人当中，女性是占绝大多数的。女性似乎总带着"善解人意"的标签，活在一种社会期望的人设里，要善解人意，要性格温和。很多家庭里，妻子或者女儿这个身份角色都会被丈夫和父母理所当然地当作情绪的承担者和解决者。

有一句俗话叫作"女儿是爸爸妈妈的小棉袄"，放在心理学的语境里去理解，意思就是女孩和男孩在心理上的差异导致了女孩从小就更具有同理心，更有共情能力，天生对别人的情绪反应更敏感。

在一个家庭里，父母争吵，或者妈妈表现出很累、很不开心的样子，或者爸爸因为有一些心事而叹息了一下。面对这样的家庭场景，女孩会比男孩有更多情绪唤起的反应，会更敏感地关注到父母的情绪，更想去安抚父母；男孩则会采取一种叫作"隔离"的方式，以逃避的姿态，更加沉浸在自己的世界里。实际上，在两性关系里，我们也经常会看到，伴侣之间出现了问题，女性和男性也会呈现出这种对负面情绪的不同反应：女性想要去表达、诉说和解决；男性更多的时候会回避，会视而不见。

当然，并不是说只要是女性，就会掉进别人情绪的沼泽里。女性照顾别人的情绪，比男性更敏感、温和、包容，这不是坏事，但你需要搞清有没有过度。就好像捐款，你是在做慈善，还是要把自己搞成穷光蛋？承担别人的情绪，你有没有这样的能力，有没有足够多的心理能量储备？你是不是因为太害怕别人不高兴，以至于根本无法顾及自己的感受，无法表达自己的想法和界限，也顾不上自己是处在心理能量耗竭的状态里？

现在，请你闭上眼睛，自我觉察一下。

四

原生家庭和社会文化使我们形成的模式常常是无意识的，而觉察却是有意识的。

当其他人的情绪令你难受时，你需要告诉自己，你的好与坏和别人的情绪之间是有界限的，是各自独立的，是不完全相关的。请对自己说：这个人此刻的情绪和我无关，他的情绪是由他自己的性格、内心模式、认知方式造成的。

告诉自己，你在别人的世界里并不像你以为的那么重要，你不是世界的中心，你只是世界里的一个角色。别试图控制他人的情绪，即使他不开心，那也是属于他的部分，是他和他自己的关系，他的情绪不是你的打分体系，不能证明你就是糟糕的。

告诉自己，你不再是那个根据父母的脸色和心情而感知自我好坏的孩子了，你可以建立自己的评价体系。

拉开自己与他人情绪的距离，不要让"善解人意"成为我们的负担，要让"以我为先"成为我们的保护色。这是我们建立自信，活出有力量的自我的一个重要步骤。

不必内疚自责，你没有错

生活中，有很多人经常被内疚感困扰，尤其是女性，她们总是觉得，如果家人很不开心，就是因为自己做得不够好，自己应该做得更完美。

其实，你没有错。

一

内疚感像一个阴影，被笼罩在阴影之下的人往往无法完成自己的人生选择，不能听从内心的声音，按照自己的意愿去生活，而必须要达到别人的标准和期待。被内疚感控制的人，脑子里仿佛有这样一句台词在久久萦绕：我必须要让你快乐，这样，我才能快乐；如果我做了一个利于自己而你不喜欢的选择，那我就是自私的、坏的。**由于不想背负着这份内疚和亏欠去生活，很多人让渡了自己人生的权利，只为不拖不欠，赎回自己。**

所以，内疚是非常损耗心理能量的一种情绪。我们要怎样去应对这种情绪，才不会被它毁掉自己的人生呢？

我想讲一下我的朋友S小姐的真实故事。S小姐33岁的时候还没有结婚，从28岁开始，她一直活在妈妈的巨大压力之下，因为妈妈会讲一些让她感到非常内疚的话，比如"你让我在别人面前抬不起头""我朋友的孩子都结婚生孩子了，而你还是单身""从小到大，我养你付出了这么多，你为什么就不能在结婚这件事情上像别人一样做"。

更极端的是，S小姐的妈妈跟她说，"你先结一次婚，哪怕以后离了也没关系，那样你就是一个比较正常的人了，我也可以在亲戚朋友面前抬起头来，因为他们每天都会问我你结婚的事情，而假如有一天你离婚了，我也不需要去告诉每一个人"。

在妈妈的压力下，S小姐赶在33岁生日之前嫁给了一个她完全不爱，而且认为不能带给她幸福的男人。在结婚前夕，她对我说："现在我终于可以放下我的内疚了，我这个婚就是为我妈妈结的。"

为什么要去结一次明知道是没有意义的婚，对自己和他人都不负责任的婚？S小姐为什么不能坚持自己的想法，听从自己内心的声音呢？

这里其实产生了一种心理现象，心理学上叫作"投射性认同"。

投射性认同指的是一个人在内心的剧场里上演了一个小剧本，比如"我是受害者，我是付出者，都是因为你，我才变成这个鬼样子"，然后把这种感觉通过自己的表情或话语，像投影仪

一样投射给另一个人。如果另一个人在内心认同了这个小剧本，产生相对应的情绪，比如责备自己让对方受累了，就会感觉到强烈的内疚。

放在S小姐的故事里，就相当于妈妈内心有一个剧本，上面写着："我是受害者，我是付出者，我的痛苦是因为你要坚持你的选择而造成的，你就是害我如此不开心的坏女儿。"她把这个剧本通过话语、表情等投射给S小姐，如果S小姐认同了这个剧本，那么一个投射性认同的过程就完成了。

一个投射性认同完成的同时，也就达到了对对方的一种控制。这里有一个非常核心的观念：产生内疚感，很多时候是两个人共谋的结果。如果S小姐的妈妈没有把自己放在一个受害者的位置上，而是让S小姐明白"我养育你，只是我自己的选择"，那么S小姐就不需要去认同"我是坏人"这样一个角色。

所以，我们驯服内疚感的第一个要点就是不要去认同对方投射过来的想法，而要告诉自己，我没能令他人快乐，这不是我的过错，因为我没有义务令他人快乐。这种"我不一定要去认同你给我的剧本"的内心声音，这种自我觉察，可以让我们很好地对抗内疚感。

二

类似S小姐母女的这种故事有时也会发生在婚姻里或者婆媳之间。比如，有一些女性朋友和自己的婆婆生活在一起，婆婆帮忙做家务、带孩子。接下来，你会看到，婆婆可能越来越想成为家庭的女主人，跟媳妇展开一场权利的战争。要是你反对她，和她做抗争的话，那么你很可能会被卷入一种内疚感中，因为无论是你的婆婆，还是你的丈夫，都会觉得婆婆是付出的人，她非常辛苦，你应该因为她的辛苦而让渡自己一部分的人生权利。

这时，可能是你丈夫更先一步被卷入内疚感，他会站在你婆婆那一边，在一些明明是你自己界限之内的事情上，要求你做出妥协和让步，比如家庭生活的节奏、物品的摆放，甚至你们夫妻两人的生活小习惯，包括对孩子的养育，等等。

那么，为什么S小姐的妈妈或者前面提到的婆婆内心会有"我是受害者和付出者，你应该听我的"这种剧本呢？其实这是因为她们内心在进行角色扮演，以便实现对他人的掌控。当然，她们未必能意识到这一点，因为这种掌控的意图往往是出现在潜意识里的。

如果追溯得更久远一些，可能她们在自己的原生家庭里没办法直接提要求，于是成为只能活在付出者和受害者的壳下面，才能够理直气壮地提愿望的人。

通常这样的人也是比较没有自我的人。因为没有自我，或不太有自我，才会不自觉地到别人的世界里去付出，也在别人的世界里去索取。**他们要求自己在意的人活成他们想要的样子，用付出和牺牲这样的方式来绑架对方。**

在现实生活中，很多父母总有办法让子女觉得自己欠父母的这笔账是永远都还不清的，这是内疚感特别可怕的地方。如果我们欠人钱，最后还了就行，这样我们与别人之间的账就两清了，我要做什么事与别人无关。但在亲密关系里，在原生家庭中，我们常常有一种感觉：我欠你的永远都还不清，以至于我根本无法拥有我自己的人生。

这种压在身上的内疚感就成了许多人身上背负的沉重的无形的十字架，不断损耗着心理能量，时间久了，就没有办法按自己的想法去活了。

三

还有一种情况，我们之所以产生内疚感，是因为他人对我们的期待太高，而我们认同了对方这个期待。比如，在家庭中，妻子把更多的精力用于工作上，以至于没有很多时间陪伴孩子，这时丈夫不满意了，妻子就会觉得自己不是一个合格的妻子，内心充满内疚感。

而男人产生内疚感通常是因为没能赚到很多钱，没能出人头地、升职加薪，面对老婆的期待或抱怨，会觉得自己是个无能的丈夫，因此也会很内疚。

所以，我们需要想一想，我们一定要去认同对方对我们的期待吗？对方对我们的期待是不是太高了？我们要做一个完美的妻子，或者一个完美的老公，事业要成功，婚姻要满分，伴侣要百分之百满意……这本来就是一个不切实际的期待。**我们需要接受现实，承认自己做不到所有事。**

对每个人来说，无论是做完美的、足够好的妈妈或妻子，还是做足够优秀的老公或员工，都不是一件容易的事情，要面对非常多的困难和挑战。所以，**当我们做得不完美，做得不够好，哪怕非常不好的时候，也要告诉自己，这就是真实的我，我的能力就是这样，目前我的时间精力和我内心的能量只能让我做到这么多。那个想象中的完美的人不是我。**

我们就是要这样为自己开脱，这种开脱是一件正面的事情，可以把我们从能量的内耗中解放出来。

如果一个人在关系里充满内疚感，被内疚感层层捆绑，就一定没有办法做真实的自己。这种不真实的感觉，这种戴着面具违背内心去做事的感觉，让我们的心得不到滋养，能量不断耗损。所以，我们要去构建那些让我们真正能够放松的关系，那才是活生生的、有养分的关系。我们需要去珍惜那些留在我们身边的，让我们可以展现真实的人。

成年人都会面对"失去"

当我们承认自己面对丧失很害怕时，我们是在直面害怕本身，而不是在幻想的层面认为自己是全能的。勇敢就是去看见害怕并承认害怕，而不是自欺欺人说我不害怕。

在这篇文章中，我要讲的话题是如何应对丧失，走出抑郁。为什么要把这二者放在一起讨论呢？因为很多时候，抑郁症可能是由心理丧失引起的。比如一个人突然失去了他的至亲，如果他处于哀悼状态的时间过长，超过半年时间仍然停留在情绪的低谷里，那么参考临床医学的某些标准，这个人可能就会被认定患了抑郁症。所以，我想说的是，丧失可能会让我们感受到抑郁。但我去掉了这个"症"字，假如我们将抑郁看成一种情绪的话，它也是我们在生活中常常会遭遇的情绪。在人生中，我们或早或晚都会经历丧失，遭遇抑郁情绪，只是不一定会发展成抑郁症这样的心理学病症。

一

　　虽然抑郁情绪不会那么容易发展成抑郁症，但如果我们对自己的抑郁情绪不察觉，对丧失的心理状态不去处理，慢慢累积得越来越多，可能就会发展为抑郁症。

　　我生活中就有这样的故事。我的一个来访者是个50岁的男性，其父亲得了癌症，在三年前去世了。之后，他自己也经历了一次车祸，摔倒骨折，在床上躺了一段时间。当他的身体完全康复之后，他变得抑郁了，而且开始有疑病症的症状出现，不断怀疑自己身体这里或那里可能生病了，经常去检查身体。我遇到的类似患有疑病症的人还蛮多的，这些人对自己的身体状况非常焦虑。

　　我们可以看到，疑病症跟丧失之间是有内在关系的。尤其是死亡这种丧失，它不仅使我们丧失了亲人，还会勾起我们最深的恐惧，就是担心会丧失自己。很多抑郁、焦虑、疑病症都是由失去亲人等外在事件引发的，原来我们可能活在一种"我们永远拥有自己，死亡好像永远不会来临"的感觉里，理性上，虽然我们都知道会有面临死亡的那一天，但在潜意识里，我们并没有真的做好面对的准备。其实，我们活在一个永不丧失的幻象里。

　　既然生活中的丧失必然存在，也许我们可以将丧失当作一种我们对丧失的练习。我们对终将到来的这种我们非常畏惧的虚无感进行心理建设，提前去思考，也许这会让我们活得更真实。毕竟我们的幻象是一定会被打破的。再比如说，一个人正处在开心快乐的状态，突然，父母或者好朋友、伴侣甚至自己被查出得了致命的疾病，他们可能很快就离开了。当我们遭遇了这种可能会带来丧失，或者已经真实存在丧失的事情时，第一次面临丧失的打击，我们就会开始思考死亡的议题。有些人因为儿时目睹了一次葬礼，就开始直面死亡的议题。也许那时候太早了一些，但是在三四十岁的年龄，我们就真的需要去面对丧失这样的课题。

二

如果我们把丧失的概念稍微泛化一些，也许会发现，很多时候，我们没有意识到的一些丧失也在我们身上发生。比如产生中年危机，是因为一个人丧失了他的青春；婚姻亮起红灯——有些人在婚姻中和另一半再无沟通，产生了一种长期低落的情绪，家庭生活陷入一种死寂的、没有希望的状态，这可能是因为他丧失了他的爱情，丧失了对爱情的盼望和相信。

还有一些小的丧失，比如一个人没有按预期完成一件事情，也可能会体验到丧失的感觉。因为他对自己的内在期待是有一个画像的，比如我很能干，当他没有达到这个内在期待的时候，这个画像就破灭了。这是一种幻灭，我们将这种幻灭也称为丧失。

如果这样去定义丧失的话，那么丧失是无所不在的，是我们无法逃避的。人到中年的时候，突然有一天，我们看到镜子中的自己，白发、斑点、皱纹，或是松弛的皮肤，我们会猛地意识到，我们已永远地失去了20岁的自己。这种衰老意味着对青春永远的丧失，它和我们经历亲人的死亡是一回事。

中国人很忌讳谈论衰老，就像我们忌讳谈论死亡一样。但是衰老和死亡一样，恰恰是需要去谈论的。我们需要对衰老引起的负面情绪进行处理，这样才能够从衰老的创伤里走出来。如果不能去谈论，又如何走出来？所以，一个人意识到自己老了，很感伤，我建议他尝试找个人聊一聊，而不要隐藏这种情绪，假装年轻。

当然，我并不是说不能去染发，去做美容。你用一些现代的医疗手段让自己的外在形象显得年轻，这是没有问题的。但我们也需要面对一个事实：无论你的外在形象显得多么年轻，你都已经和那个20岁、30岁的自己告别了。我们可以跟自己信任的人，比如朋友、伴侣去谈一谈衰老，虽然你会发现大家在这件事情上都如此脆弱，但这种谈论本身会让你变得坚强。

前段时间，我看了一本书，名字叫作《此后再无余生》，作者已经不在世了，她在38岁的时候被诊断出患有乳腺癌，当时她的两个孩子一个8岁，一个5岁。她患癌症是因为有一些家族遗传因素，在她被诊断出患有癌症八个月后，她的母亲也因为患癌症八年而去世了。这本书记录了她从确诊癌症到死亡这几年时间的心路历程。我看这本书的时候感触很深，作者在书中写道，刚开始医生告诉她，她的癌症肿瘤只是一个小点，她一直用这句话鼓励自己，丈夫也用这句话来安慰她，她也配合医生做了很多治疗。但是，当有一天她再去医院检查的时候，很不幸，医生发现这个小点不但没有变小，反而变大了。而且更糟糕的是，在另外一侧乳房上发现了另外一个点。

那天晚上，她的丈夫第一次告诉她，他很害怕，她的回应是：我也很害怕。他们说出"我很害怕"的时候是那么脆弱，但是能够将这句话讲出来的人，我认为是很勇敢的。这就是我想表达的，面对死亡和丧失，我们是害怕的，但是我们不妨来体验一下这种恐惧的情绪，不妨来谈论一下这个令人害怕的话题。

我曾经有一个情绪抑郁的来访者，他对死亡很恐惧，我跟他说，每天都这么怕死的话，不妨尝试在死亡的焦虑里待一会儿。结果，两周后，他的恐惧症真的好了。我们很难从科学的角度解释他为什么好了，但我想这可能是因为他不再抵抗那个未知的黑暗的部分了。

只有面对恐惧，我们才能走出恐惧，"看见"本身就是一种疗愈。假如丧失真的发生了，要去逃避这个真实的事件，需要花很大的力气。要去掩盖一个巨大而又真实的事件，实际上甚至是不可动摇的真实事件，我们得在生活中花多大的力气去跟自己撒谎！甚至有时候，我们花的力气就让我们把自己搞抑郁了，因为你会耗能，但实际上你没有能量来源，因为所有的一切都是谎言。

为什么这个人去体验了他关于死亡的恐惧之后，就被治愈了？其实，当他在恐惧里待一会儿的时候，他就不再抵抗，他不再抵抗，就不耗能了。这就是我们常说的中国武术的最高境界，对方一拳打过来的时候，太极拳的打法不是抵御，而是因势往后退，再蓄势而发。为什么说太极拳无招胜有招？因为你不去抵御，就不会因为抵御而花费很大的力气。

当我们承认自己面对丧失很害怕时，我们是在直面害怕本身，而不是在幻想的层面认为自己是全能的——我既不害怕死亡，也不担心衰老，我很坚强，一切都好。很多时候，我们的心理能量就是在欺骗自己的状况下耗竭的。

我的一个朋友跟我说，她小时候经常会梦见鬼，每次都害怕得不敢看，从未看清鬼的模样。有一次，她在梦境里被鬼追到逃无可逃的时候，突然迸发出所有的勇气，心想：我倒要看看你究竟长什么样子。然后，很奇怪的是，她一点也不害怕了，那个鬼也消失了。所以，**勇敢就是去看见害怕并承认害怕，而不是自欺欺人说我不害怕。**

三

再说回抑郁和丧失的关系，我曾经在一篇文章里看到一个例子，说抑郁对我们来说是一种保护机制。

比如，有一个小女孩看到一棵苹果树，苹果树上的苹果很高，她就会一直跳着去够苹果，而抑郁让她跳不动，她跳不动，就不会再跳。抑郁使她意识到一种丧失，她可能永远也够不到苹果。但如果不抑郁，她就会一直跳，直到累死。所以，从这个层面去理解，也许偶尔的丧失带给我们的抑郁是对我们的一种保护，能让我们停下来休息。

回到丧失亲人这件事上，如果从积极的层面来看，每一个生命的死亡都会带给我们思考。这就像我们常说的"向死而生"，当我们谈到他人死亡的时候，我们在进行哀悼的同时，也可以尝试去体验一下，假如自己躺在那里，会是什么感受。曾经有一家韩国企业做员工培训，让大家去扮演尸体，写遗书，进行遗体告别，员工都觉得很振奋。当然，这个方法不一定对所有人都有用，但是它传递了一层意思，就是我们要正面思考死亡，而不是不去接受死亡和衰老。

没关系，
你羡慕的人也在自我嫌弃

世上本没有那么完美的人，那么你能不能接受这辈子活成一个普通人？当一个人能够意识到自己是一个普通人的时候，他才接近这个世界的真实，而这意味着人格的完整。

自我嫌弃，从字面上来理解，就是自己瞧不上自己，自己讨厌自己。轻度的自我嫌弃就是觉得自己不够好，重度的自我嫌弃就是觉得自己特别糟糕。

你是不是觉得一个人被否定了，特别是遭遇到很强烈的否定，就会自我嫌弃？

其实，在外界的否定和自我嫌弃之间还有一个环节，叫作"对否定的认同"。

如果你不认同别人的否定，你就不会自我嫌弃。

你可能明白了，我们内心认定自己是不够好的人，这才是自我嫌弃的主要原因。外界否定我们，但我们不认同这种否定，就不会认为自己是糟糕的。

那么，我们怎样才能做到不去认同外界对我们的否定呢？

一

在咨询中，我曾碰到很多充满自我否定感的人，他们想要改变自己，调试出一种新的自我认知。这种想要让自己变得更好的本能原本是积极的。但是，当一个人跟我说他不够好的时候，他一定是跟某种标准做了比较，所以才会得出这样的结论。"我不够好"或者"我很糟糕"这样的想法都属于在某种评判体系下得出的结论。

当你说自己不够好，或者说"我不喜欢这样的自己"的时候，你心里所想的好的标准是什么？如果你心里那个好的标准是完美的，那此刻的你跟那个标准比，就永远是有缺陷的。这是我想讲的第一点。

我想讲的第二点是，如果你对自己的预期总是比对自己的评判更高的话，那你也会一直觉得自己不够好。比如，此刻你是80分的状态，但你对自己的预期是做到95分，那你肯定会失望。

因此，如果我们想要走出自我嫌弃的困境，首先要做的一件事情就是明白这种感觉是比较之下的产物，不管是跟理想化的自己比，还是跟永远比当下的自己更好更高的标准比，得出来的结论都是"我很糟糕"。

很多人会说，我明白你讲的意思，可是一旦外界的否定来了，我就坚持不住对自己的评价，就开始怀疑自己了。的确，要做到不认同别人的否定并不容易，需要有一个稳定的自我内核。

　　稳定的自我内核之所以不容易建立，是因为我们从小就不断被外界否定，比如童年时爸爸妈妈对我们的否定。心理学认为，我们的客体关系——指我们跟自身以外的人、事、物的关系——是幼小的时候我们跟亲密他人的关系的翻版。也就是说，我们的客体关系很大程度上由我们跟父母的关系决定，我们在父母对我们的评价体系里找到自己的存在感，给自己下一个定义。这个时期最早可以追溯到0~6岁，然后是青春期。在这两个时期，很多人都是跌跌撞撞走来的，很不容易。

　　很多人在0~6岁的时候，根本不知道父母怎么看待他们。这里有两个极端：一个是父母过度关注。比如独生子女，他们是被过度关注的。但过度关注并不意味着你就能够有一个很好的自我评判。因为父母对你期待太高，高到你永远达不到那个要求，这是过度关注对你形成的负面影响。另一个极端就是不关注。有些孩子在家庭中处于被忽略的状态，这时，他们就会归因于自己不够好。那些童年时被虐待的孩子就更会认为这一切都是因为自己很糟糕。所以，在0~6岁，我们很可能处于一个被否定、被忽略的状态，从而建立了"我不够好"的认知。

　　到了青春期，我们会逆反，很想找到我们在这个世界上的位置。这是我们正儿八经第一次去寻找自我认知，想搞清楚自己是谁。可这个时候，我们又会遭到外界无情的打击。我们在青春期就是不停地试错，一会儿觉得自己无所不能，一会儿又极度自卑。因为在青春期，我们的身体突然从一个孩童发育为一个成年人，这时我们会有天然的自卑。我们跟成年人相比，没有他们强壮；跟孩子相比，又无法退回到孩子的状态。所以，我们会有一些无所适从。

可能很多人在青春期对自己的那种否定，比如我太胖，我不被男生喜欢，男生觉得我有很多青春痘，我很内向，我不被女生喜欢，等等，这些认为自己不够好的内在声音会停留在他们的自我认知里，成为他们人格的一部分。

二

生活中，有很多人在心底里对自己的嫌弃是一个极端的状态，在他们看来，要么是达到理想化自我的一百分，要么就是零分。**其实，在好与不好之间还有一个可以容纳好与不好的灰色区间。**

这是一种不成熟不完善的，还没有充分整合能力的人格。所谓人格的整合，就是内心变得能够接纳，能够整合生活中的不完美、别人的不完美、自己的不完美，能够认清并且应对人生的真相，包括死亡等，都能够去应对。

很多时候，多数人是处在非整合状态，而我遇到的这些极端自我嫌弃的来访者，他们的非整合状态可能已经困扰到现实生活了。比如，对自我的厌弃到了一种什么都干不了的程度，整天躺在床上，对一切事情都失去了勇气和信心。

实际上，很多人在心里对自己的嫌弃是很重的，即便他看上去是一个很优秀的人。我们知道有很多新生疾病是跟在心里对自己的攻击有关的，我对自己如此不满意，以至于我要让自己罹患一种疾病，当作对自己的惩罚。乔布斯是一个弃儿，他的亲生父母是在未婚的状态下生下了他。后来，他辗转于一些收养家庭，最后在一个家庭里稳定地长大，也得到了非常好的教育。但在生命之初所受的创伤可能会让这个人认为自己是非常糟糕的，所以才会被父母遗弃。

如果你是父母，在你的孩子还比较小的时候，在他成长的过程中，你就要给他更多的接纳，不拿分数来评判他，这个孩子的身心才会比较强大、健全，他才能够接受自己不是那么完美。其实，追求完美何尝不是一种偏执？

我们都知道偏执是一种病态，但如果把偏执换成"追求完美"这四个字，很多人就不会认为它是病态的。追求完美仍然是一种极端化的思维，如果我们尝试去客观地思考，就会发现不管是人生、事情、关系还是自我，都不可能是完美的。

先撇开原生家庭不谈，只问问自己，我们在当下如何去接受一个不那么完美的自己，这是我们更应关注的问题。我有没有必要活成父母期待的那个样子？父母不接纳我的不完美，那是他们自己的问题，现在我已经是独立的个体了。那么，我们对自己的期待是怎样的呢？

如果我们不这样去问自己，可能就会不知不觉地跟父母持有一样的标准。尽管很多人谈到原生家庭，可能会表达出对父母的恨意——"都是你们把我搞成了这样"——但他们还是在很多事情上与父母保持高度一致。比如，一个坚持不结婚的女性可能撑了她的父母，甚至跟她的父母互不往来，口头上说"我就是不结婚，我也不勉强，不将就"。她以这样的态度把父母给撑回去了。可是，她心里依然有很大的焦虑和压力。生活中单身的女性很多，但是单身得怡然自得的女性并没有我们想象的那么多。

　　既然没有那么完美的人，那么，你能不能接受这辈子活成一个普通人？当一个人能够意识到自己是一个普通人的时候，他才接近这个世界的真实，而这意味着人格的完整。活成一个普通人其实不是一件品位很低的事情。

　　我们这辈子的功课就是活成一个普通人。

　　就像朴树在《平凡之路》中唱的：我曾经失落失望失掉所有方向/直到看见平凡才是唯一的答案。

躲不掉的焦虑应该怎样缓解？

我们试图通过对很多事情的掌控去防御未知的不可控，因为未知的不可控是我们当下无法面对的。而人生的真相就是不可控。

每个人都会焦虑，焦虑可能是当今社会中最普遍的一种情绪。为什么我们会这么焦虑？用一句话来回答，就是因为我们很担心会发生什么。换句话说，之所以会焦虑，是因为你想控制发生或不发生什么。一时想控制，就会一时焦虑；一直想控制，就会一直焦虑。

小一点的控制，比如现在我要去倒一杯热水，我得确保饮水机里有热水；大一点的控制，比如一个月之后我要出国度假，那么我得确保能拿到签证，确保那段时间没有要紧急处理的事情。还有更大的事情，比如结婚生子、维护人际关系、找到工作或保住工作、保证生意顺利等，也都需要去控制。我们对所有这些事情，要去确认它们没有问题，或者即使有问题，也在预期的范围内。我们忍不住要去确认和控制的对未知的这种担忧，就是焦虑。

一

事实上，我们并不会对每件事情都感到焦虑，通常我们在特别在意的事情上才会焦虑。比如，你对没有赶上商场的一次大优惠可能并不会很焦虑，但你对孩子的前途很在意，所以你对孩子完不成作业很焦虑。越想控制，就越容易焦虑。

所以，缓解焦虑的第一个办法就是**学会判断是不是所有事情都值得你焦虑，你真正在意的是什么？**如果有些东西你并不是真的在意，那就放下它。这一点看上去很没用，但事实上，很多人没有想清楚哪些东西是自己真正在意的。比如，我的有些来访者赚钱没有别人多，他们对此非常焦虑，我会引导他们去看生命中一些事物的价值排序，最后他们发现，钱在他们生命中的位置其实并没有那么靠前，还有很多重要的东西他们已经拥有了。慢慢地，他们对赚钱的焦虑就缓解了许多。

还有一些父母对孩子的学习成绩感到特别焦虑，我也会陪他们去了解他们内心真正在意的到底是孩子的身心健康还是分数，是不是分数高，就一定幸福；分数不高，就一定不幸福？最后，父母们的焦虑会大大缓解，慢慢回归到一种理性的状态，而这种理性的状态会反过来帮助他们减少与孩子之间的冲突，孩子的成绩反而自然地提高了。

二

　　缓解焦虑的第二个办法就是要去判断这件让你焦虑的事情，你是不是真的控制得了。如果控制不了，那你焦虑又有什么用呢？

　　举个例子，我有一个来访者，她总是很焦虑。后来我发现，她太过关注她的大家庭，她弟弟的婚姻处在一个很糟糕的状态，她想去帮弟弟做些什么，但是作为姐姐，她提出的意见弟弟不听，她也改变不了弟媳妇对弟弟的怨恨和抱怨。事实上，她处在一个极度担忧，但是又什么都做不了的状态。

　　听到这里，你是不是会发现：这个来访者焦虑的事情其实是她没有办法控制的，可她还以为自己能控制。这就是她焦虑的根源。

　　其实很多人都有这样的错觉，以为自己能控制某些事情，不管是孩子在学校惹了一些麻烦，还是与伴侣之间出现了一些问题，抑或婆媳之间出现了沟通问题，都会突然觉得很焦虑，好像这些问题都是自己能控制住的，死不放手。

　　实际上，我们真的能控制那么多吗？人生是无常的，此时此刻我在这里，明天我不知道在何处，无常可以说是人生的真相，这个真相其实是不可控的。可能正因为如此，我们在心理上更需要一些掌控感。用精神分析的一句话来说：**我们是在用这种对很多事情的可控去防御最大的不可控，因为最大的不可控是我们无法面对的。**

　　所以，我们常常需要静下心来觉察一下，这件事究竟是不是我们能掌控的，抑或我们只是在徒劳地焦虑，想要获得一点人生的掌控感而已。

三

缓解内心焦虑的第三个办法是我们可以在一些的确能够掌控的事情上去掌控，但要明白我们所能掌控的只是过程，而不是结果。比如，我选择此刻看一本书，选择下午要写完一份文档，做完一个表格，或者做一个计划；今天我要去吃一顿海鲜饭，就算今天吃不成，明天我也要吃。这样一些体验，我们是可以掌控的。

一旦涉及他人，哪怕那个人是你的孩子、你的伴侣，你也要明白你是无法掌控的，因为他可能完全不会按照你的意愿行事，他有他的自由意志。

我们可以讨论一下陪孩子写作业的问题。很多家长在孩子写作业的问题上非常焦虑，几乎拿自己所有的空余时间来陪孩子写作业，有些父母甚至把自己搞到心梗而进了医院。这是很荒诞的。写作业是孩子的事情，家长这样做是在剥夺孩子自己承担责任的机会。如果我们把目光从聚焦的地方挪开一点点，就会发现，控制孩子写作业并不能代表什么。写作业就能保证他进一所好的学校吗？从一所好的学校毕业，他就能够成为一个成功的人吗？成为一个成功的人，他就能够婚姻幸福、生活美满吗？没有人能保证，因为这些根本就没有答案。

　　我们之所以无法掌控这些事情，是因为这是涉及他人的事情。没错，孩子也是他人。很多父母经历了不行就打一顿，再不行就打两顿，第三天这个孩子就能乖乖写作业这样一个训练的过程。这看起来好像是有效的，但这只是暂时的，孩子的未来发展依旧有许多不可控的因素，父母的课题就是学会跟孩子一起去应对这个不可控。

　　人生的真相是不可控，我们需要让孩子发展的是承受挫折的能力，为自己的选择去承担的能力，以及独立思考、做自己的能力。类似这样的能力，才能使孩子变得更为强大。

　　焦虑源于我们对事情无处不在的控制，而我们对事情进行无处不在的控制是为了防御我们对终将失控的恐惧。那我们不如尝试着想一想失控，它是不是真的会带来毁灭呢？很多时候，在咨询室里，我会问来访者一个问题：请你想一下你所担心的那个可怕的结果，想象一下如果那个场景真的发生，你觉得你能活下来吗？他想一想之后，发现自己也能承受住。

四

　　实际上，"焦虑"是一个中性词，它绝对有它的功能。一个焦虑水平太低的人，有可能也会为低焦虑付出代价。那些喝酒后开车的人，过马路不看红绿灯的人，或习惯性逃避问题的人，他们就是焦虑水平太低的人，但是他们会发现，因为不做任何防范，也不做任何努力，到后来，他们就会付出非常高的代价。

所以，一个人完全不焦虑不一定是好事，我们所要纠正的是过度焦虑。很多人的睡眠障碍就是过度焦虑引起的，躺在床上想着要解决而未解决的问题，涉及一些复杂的、不受控的因素，脑子里像过电影一样一遍一遍想，最后就没有办法入睡了。

大脑处于高焦虑状态的时候是很耗能的，如果把所有的能量都用来应对焦虑，睡也睡不好，吃也吃不好，就没有能量去发挥创造力，把事情做好，也就不可能去享受做事情的过程。

长时间处于过度焦虑的状态下，人们便会有一种想要逃离的本能，这是由我们的生物性决定的。这种逃离体现在，比如，父母不会享受陪孩子写作业的过程，孩子会更加厌恶写作业。亲子关系会变得非常紧张，因为这是一个很苦的、充满愤怒和攻击的过程。原本感兴趣的、很想要做好的事情，也会变成折磨人的事情。这种逃离还体现在，我们可能从此根本就不会去开始一件事情，不敢再去尝试，只待在一个小小的、熟悉的、安全的、可控的范围里。这就是有些人不敢离开工作了十年的公司的原因，因为离开会给他带来一种很强烈的不可控感。为什么有人就可以呢？因为他能够抵御这个焦虑。

原生家庭的痛，
后天来治愈

幸运的人，一生都在被童年治愈；不幸的人，一生都在治愈童年。

心理学认为，只有当我们能面对来自原生家庭的创伤，面对那些我们当年无法表达的感受时，我们才有可能完成对创伤的疗愈。我们是怎样成长为今天这样一个立体、多维的自己，有优点也有缺点的？我们不可避免地想要去了解原生家庭给我们的成长带来的影响和作用。

一

心理学家弗兰克·卡德勒说过，生命中最不幸的一个事实是，我们所遭遇的第一个重大磨难多来自家庭，并且这种磨难是可以遗传的。

　　曾经读到过这样一句话：**幸运的人，一生都在被童年治愈；不幸的人，一生都在治愈童年。**

　　有一本书叫作《身体从未忘记》，作者是美国的一位心理学家，他从神经系统层面科学证实了童年创伤对一个人神经系统的改变。一个孩子的脑部神经结构要到15岁才能发育完全，当你意识到父母的态度的确会影响孩子的神经系统后，你会感到绝望和难过。香港也曾经有一个儿童心理学实验，最后的数据显示，当父母争吵的时候，孩子的心跳会处于一个很快的状态，孩子的神经系统也会处于一种高焦虑水平的状态。

　　所以，应对童年创伤是非常重要的。

二

　　但这并不意味着我们可以把一切问题都推给童年，或者去放大这份创伤。

　　我在咨询室遇到一些来访者，他们会反复说：为什么这些事情会发生在我身上？为什么我会遇到这样的父母？针对这种对人生命运的质问，我们要回归客观的态度，那就是并不是只有你一个人遇到这样的父母，也并不是你遇到的创伤就特别糟糕，实际上，在你未曾看到的关于人生的真相里，几乎所有人都经历着创伤。**没有人拥有完美的父母，这是我们应对创伤需要有的第一个认知。**

　　如果没有这样的认知，我们就会觉得，为什么那么多人过马路，只有我被撞到了？我们在创伤层面将自己特殊化，会感觉到稍微好受一些，因为我们给自己找到了一个理由：啊，我如此糟糕，是因为我经历了和你们不一样的过去。而且，一旦对父母有这样的认知，似乎自己就不需要对人生负责，好像一切的不好都是过去造成的，都是父母造成的。

三

当我的来访者跟我谈到他们的原生家庭多么糟糕，自己多么悲惨的时候，我常常会跟他说，这是你作为一个生命来到这个世界的方式。也有一些来访者坚定地告诉我：我知道我现在的状态，比如我的人格问题，我的神经症的问题，但是我仍然要活下去。当我听到他们说活下去的时候，我有一种肃然起敬的感觉。我想这句话也可以应用在所有人身上，既然此刻我们选择活下去，就需要去接纳已经发生的客观现实：出生不由你选择，你的父母也不会再改变。

如果我们将现在人生中所有的不好归因于当年父母对我们不恰当的对待，我们就会一直停留在这个糟糕的感觉里，这不会让我们余生过得更好。我们要尝试去做一件事，那就是承受。**我们要抛弃那种"我原本可以过得更好"的想法，因为没有那个"原本"，我们要尊重这种人生的偶发性。**

这是我们应对创伤需要有的第二个认知。

四

现实生活中，有很多人迷失在原生家庭的创伤里，以为不断地表达恨意就能改变过去。就像心理咨询师曾奇峰曾经说过，很多人总想伸一只手在自己背后，去改变那个过去，把过去拨错的时针重新拨到正确的轨道上。如果一个人对过去投入太多的关注，就意味着他面对的不是未来，也不是现在，他还和过去牢牢地粘在一起。追究父母的责任，将一切都推给原生家庭，并且待在这个恨里面，无法重新开始，这代表你和你的父母在心理上还没有分离，也代表着你还没有成熟到为自己负责的程度。

爱和恨其实属于一个体系，没有爱，就不会有恨。反过来，你深深地恨着，是不是也代表你深深地爱着？当我们去恨父母，甚至在看了一些心理学文章后，就气冲冲地想让父母在我们面前承认错误，当我们有这样的冲动的时候，我们可能也要意识到，难道40岁的你在期待70岁的父母去认知他们曾经的错误吗？这是一种近乎孩童所拥有的不合理的期待。

你生活在比你父母更幸运的时代，虽然你的原生家庭可能很糟糕，但也许你父母的原生家庭更糟糕。如果我们把自己放在一个家族的谱系里去看创伤的话，过去的半个多世纪，中国从战乱到新中国诞生，到"文革"，既经历过物质的匮乏，也经历过精神的被践踏，这是一个有着集体创伤的大背景。父母那一辈，父母的父母那一辈，他们的原生家庭很可能比你的更糟。那么，我们是不是还有足够的理由去要求父母做到完美呢？

这是我们应对创伤应该有的第三个认知。

<h2 style="text-align:center">五</h2>

也许有人会说，我可以接受你的道理，但我的情绪找不到出口，我不知道如何面对自己的情绪。对于这一点，我非常理解。我们的确要去尽量接纳自己的情绪，哪怕这种情绪里面带有一种毁灭。我的一个来访者说，他在青春期的时候曾经想过拿刀杀死他的妈妈，现在他因此感到很不安。我告诉他，可以允许自己对父母有恨，不管是在曾经的青春期，还是在一些别的时刻，你可能想毁了自己的父母，甚至认为父母对你的恨意也像要毁了你一样。这是真实的人性。而且，你并没有在现实层面杀了你的父母。当然有人这么干，但是绝大多数人并没有这么干。我们很难约束自己的想法，对自己放松一些，这是很正常的。

我也不会建议有着很深的童年创伤的朋友刻意逼自己去原谅父母。即使你理解了他们的不容易、他们的局限性，他们并不是故意伤害你，真的是在一种自己怀有情绪的状态下，比如在毁灭感或者焦虑感的驱使下，才对孩子进行非常严格的控制和不断攻击。无论如何，他们深深伤害了你，这是事实，所以你不必一定要去原谅他们。

有时候，我看到一些文章劝大家去与父母和解，说与之和解后，人生就会怎样。我想说，和解并不容易，有的人需要用一生才能完成这个和解。所以，我们不要把和解当成一个目标，就好像我没有完成与父母的和解，就没有自我成长。不是这样的。**我们要做的是不要太多地停留在过去，不要想去改变父母，也不要想去重塑过去，我们应该将更多的精力投注在当下与将来，去改变我们能够改变的部分。**

六

最后，我想提醒一些曾经有童年创伤，现在做了爸爸妈妈的朋友，不要强迫自己成为完美的爸爸妈妈。一个人意识到自己的原生家庭是糟糕的，马上就会产生一个思路：如果我做了父母，我一定不要在我的孩子身上创造一个同样的原生家庭。这样反而会给自己很大的压力，造成不必要的焦虑。如果又陷入了婚姻失败，常和伴侣争吵，然后和孩子有很多冲突，看到自己似乎又在重演父母那一幕，对自己的否定就会变得很强烈。

我的一个来访者就是这样，她是一个四岁女孩的妈妈，而她的童年创伤是非常严重的。比如，她的妈妈对她有非常高的要求：考试考不好，就不配坐在桌子上吃饭，不可以买裙子、玩具、饮料什么的。她从小一直处在非常紧张的状态中，无法放松。所以，现在她不知道该如何对待她的女儿。如果对女儿发了脾气，她就会非常悔恨，觉得自己也变得像自己的妈妈一样刻薄易怒，可是她又做不到一直不发脾气。于是，她越来越感觉自己是一个糟糕的妈妈，这让她十分焦虑。

我提醒她，你越焦虑，你的孩子就越焦虑；她作为一个母亲，对待孩子的做法比她妈妈已经进步了很多。何况，无论我们怎么小心翼翼，都会给孩子带来或多或少的创伤。保护得太多，变成了过度保护；保护得太少，又担心对孩子关爱不够。这种分寸很难拿捏。但我们要意识到的是，和过去比，和上一代比，我们是有进步的，创伤是在不断减弱的。

所以，请放下心来生活，将过去远远地留在过去，我们往前走。

为什么要用别人的错误惩罚自己

心理学认为，一个极度自卑的人和一个极度自恋的人，他们内心的动力和模式可能是一样的，只是经过了一些转化，呈现出来的形式不一样而已。

生活中常常有这样一种人，他们对别人的一句话、一个眼神、一个表情，或者对朋友圈的动态是否有人点赞和评论非常敏感，还会因此感到十分受困扰。

比如，有人今天发了朋友圈动态，以为会有20个朋友点赞，结果只有三五个赞，她可能连续两三天都会很不开心。假如她发的是带孩子去哪儿玩的照片，她就会想，他们是不是觉得我带孩子去的这个地方太低俗，或者是不是觉得我在显摆，或者是不是看不起我晒娃。总而言之，胡思乱想，突然跌入情绪的低谷。她不会想到，大家点赞少或不点赞，可能只是碰巧这个时间在忙，或者对这个内容没那么感兴趣，又或者刚好那个时间朋友们的生活里出了一条爆炸性的新闻，大家的注意力都被吸引过去了，等等。这是完全有可能的，但她看不到这一点。

在咨询中，我经常碰到这样的来访者，他们被这类事情搞得很痛苦。这里有个心理陷阱，就是他们在生活中习惯了错误的归因，把外界的一切反应都归因于自己不够好，自己做错了。

为什么我们会产生这样一种"都是我的错"的错误归因逻辑呢？

一

这可能是因为我们内心有种"想得到别人更多关注"的需求没有被充分满足。人们自我价值感比较低，对自己的认同不够的时候，就很想要得到别人更多的关注，如果得不到，就会因为外界的一点风吹草动而陷入自我怀疑和自我否定中。

我们之所以会有这样的归因，是因为这样的归因有它的"好处"，就是会让我们觉得自己很特别，和别人不一样。有时候，"我很特别"是一种高于其他很多心理需求的需求。

你是不是觉得很费解，为什么一个人容易自我怀疑、自我否定，是因为觉得自己很特别？

假如一个人没有及时回复你微信，你就不安地揣测这是因为他不喜欢你、不在意你，才这样对待你。当你这样想的时候，等于认为他只这样对你，而不会这样对别人。所以，这其实就预设了一个前提——你和别人不一样。

心理学认为，一个极度自卑的人和一个极度自恋的人，他们内心的动力和模式可能是一样的，只是经过了一些转化，呈现出来的形式不一样而已。一样在什么地方呢？那就是"我如此糟糕，糟糕到我如此特别"和"我非常优秀，优秀到我如此特别"，都是认为自己很特别。不同点在于，前者是特别糟糕，后者是特别优秀。

曾经我的一个很自卑的朋友告诉我，他很在意别人的眼神，在意到他自己都觉得自己有点强迫症的程度。在单位遇到同事，他跟对方打招呼、做眼神交流时，如果发现对方好像没看见他，他就会油然生出一种"别人完全没有把我放在眼里"的感觉。然后，他就觉得自己内心受到了一万点暴击，各种内心戏都冒出来了，比如他是不是刻意无视我呢？我是不是做了什么让他不高兴的事情？接下来，他得出一个结论：我在这个人心里一定非常糟糕。

你看到了吗？他做出这个判断和归因的时候，有一个前提，就是前面讲的：他觉得这个人不会这样对别人，只会这样对他。一个人觉得自己很特别，把注意的焦点放在自己身上，就会在潜意识中自动抹去其他判断。

我的另一个来访者也是这种情况，她二十六七岁，名牌大学研究生毕业，在中国一线城市的政府部门工作，条件很优越。可是，她受到非常大的困扰：同办公室的其他几个女生一起聚餐的次数比和她一起吃饭的次数要多，因而她感觉自己被嫌弃，觉得自己很糟糕，一无是处。其实谁跟谁聚餐多一点并不重要，就算其他几个女生关系更好一点也不重要，这只能说明她们之间的共同话题多一点。

分析这位来访者的归因习惯，同样能够看到一个逻辑：你们做的所有选择都是因为我，我在你们的世界里多么重要。

可以看到，人们从"都是我的错"这种错误归因中是获益的，这个获益就是感觉到自己很特别，即使是一种糟糕的特别。也就是说，他们以一种很痛苦的方式在体验着"我对别人很重要"的感觉。

二

如果拆解得再深入一点，一个人之所以容易产生这种自我归因，是因为他在关系中感知不到别人的存在。如果你能感知到别人的存在，就会意识到事情如此，既可能是因为你，也可能是因为别人。比如他近视，他状态不好，或者是有一个外因吸引了他的注意力，所以他今天没顾上跟你沟通……如此，就不会轻易认定是因为自己不好，掉入对自己负面评价的深渊。

这类人在心里常常会假想自己是被关注、被评判的。正因为活在评判里，很在意别人的眼光，所以才容易陷入负面情绪。我们都经历过青春期，那时候，我们会觉得自己很特别，会有一种"我是唯一的"的想法，无论走在哪里，都会觉得好像有许多眼睛看着我们，然后就会有一种拘束的感觉，甚至走路的时候都不知道手怎么放。长大成人后，多数人这种不自在感慢慢消失了，因为不再假想自己那么受关注，但仍有一些人会受到类似的困扰，把自己看得太重要，不知道以什么状态在群体中出现才是正常的。

三

那么，怎样才能跳出这种错误的归因习惯呢？

首先要认识到，你在别人的世界里并不是那么重要，别人不会常常盯着你来进行评判。每个人的注意力其实都只能维持很短的时间，比如一个受关注度很高的明星，对于他的结婚离婚事件，一开始全民都在讨论，可是过了几天，大家很快就把这件事忘了；再过一段时间，谈论起这件事，大家可能连观点都变了。

所以，作为普通人的你我，即使做了很难堪的事情，或者办砸了一些事，也不要觉得从此很难再回到群体中，摆脱不了羞耻感。要相信，别人对这件事情的关注很快会过去。以为别人会一直记着你做的事，一直关注你，好像他们的生活里就没有别的事，这是一种自以为是的假想。

总之，**我们的视野要变大，大到跳出自身之外，要意识到这个世界上还有别人，别人也有自己的生活；问题的出现是有多种原因的，不可能都是你的原因，就算是你的错，也不会大到完全笼罩了别人的世界。**

请学会对自己说：这不是我的错。

心理练习：
快速走出负面情绪

在这一章里，我们讲了负面情绪是怎样拉低我们的心理能量，把我们搞得很难受的。当我们对负面情绪的产生有所觉知，并学会快速走出负面情绪时，我们就能逐渐减少心理能量的损失，为自己的内心赋能。当我们的心理能量越来越高时，我们的情绪就能保持在一个相对稳定、平和的状态。

那么，怎样才能对负面情绪的产生有所觉知，并且快速走出负面情绪呢？

一

首先，我们要经常做一个关于负面情绪的自查，可以阶段性地问自己：最近我有没有处于心理能量的消耗状态？如果有的话，找出心理能量消耗的原因，比如是因为不懂拒绝而消耗，还是因为讨好他人而消耗；是因为错误归因，导致自我怀疑、自我否定而消耗，还是因为对自己期待太高而消耗？

有了觉察之后，我们可以尝试做一些有针对性的自我对话，从而进行调整。比如，如果是因为自我期待过高，那我们可以调低它；如果是因为不懂拒绝，那就要尝试建立与他人的界限；如果是因为对一些事情的结果太有掌控欲，从而陷入焦虑，那就要尝试放下这些控制。

二

有一个方法能让你比较快地从负面情绪中跳出来，就是去做点别的事情。当你情绪低落的时候，我会建议你暂时不去想让你情绪低落的事，可以去做一些能够让自己马上获得掌控感和愉悦感的事情，比如去帮助别人。有一些人选择去做公益慈善，虽然付出了金钱或时间，但获得了一种满足感，感受到了自己对他人的价值。

很多人在处于负能量状态的时候，会觉得全世界都不需要他。在这种状态下，如果能够做一些帮助别人的事情，比如给自己喜欢的人、信任的朋友、感激的人、需要帮助的人送去一些温暖，内心就会感到自己对他人仍然是有价值的。而这种和其他人，哪怕是陌生人之间的微妙的连接，也会给你带来很多正能量。哪怕你做的只是一些很小的事情，比如给在路边乞讨的孩子一颗糖，在别人要摔倒的时候扶一把。

我曾经在一篇文章里写过我的一段亲身经历。有一次，晚上十一二点的时候，在我家门口，一个妈妈带着一个小女孩在乞讨。我去旁边的便利店买了面包和水，还有一个非常漂亮的Kitty猫的糖果盒。我把面包和水交给了妈妈，把糖果盒给了小女孩。我对小女孩说："这个是送给你的。"我为什么要送她糖果盒呢？因为我内心有一种愿望，希望她即使为生活所迫而跟着妈妈在街上乞讨，也仍然可以拥有一件美丽的东西，看到这个世界上的美好。

我知道，我所做的事情并不能彻底改变她们当前的状况，但是我相信，这样的行为能够给这个小女孩的内心带去一点亮光。当我做了这件事情时，我会有一种"我很重要，我很有价值"的内在充实感。有句话叫作"施比受有福"，讲的大概就是这个道理。

所以，我建议，当你陷入一种自我怀疑的、低落的，或者很黑暗的负能量状态的时候，可以去做一些帮助他人的事情。这样，你的能量能够得到大大的补充。

三

另外一个走出负面情绪的方法就是从自己身上抽离，去旅行，去一些地方走一走，看看大海和高山，你会意识到天地的广阔、自己的渺小，也会发现之前让你受困扰的事情并没有那么重要。

如果我们完全陷入小我之中，就会在一些没有结果的事情上不断纠缠，变得非常执着。比如抓住关系中的一些冲突，不断对自己进行二次甚至三次伤害，把别人不能给我们爱归因于自己很糟糕。但是，当你看到这个世界如此之大，每一个人又如此渺小的时候，你就会感受到，不仅你自己渺小，你所重视的那些人，那些评判你的人、伤害你的人，他们也很渺小。当你看到这一点的时候，那些评判和伤害就变得没那么重要，没那么不可承受了。

四

许多人的负面情绪是源于各种担忧，对当下或者未来的事情想要完全去掌控，结果却无法做到。那么，怎样从这些困扰中解脱出来呢?

我曾经写过一篇文章，叫作《你以为你是谁》，引起很多人的共鸣。内容大概讲的是，纪念汶川地震十周年那段时间，一个花样年华的空姐搭乘顺风车惨遭毒手死去，各种媒体和网络上到处是对逝去生命的哀悼，以及对出行安全的大量讨论。我想说，这些讨论都是非常有必要的，可以帮助我们减少意外和悲剧的发生。但不得不说，我们所做的讨论虽然可以降低不幸事件发生的概率，却无法实现对负面事件的绝对控制。你只有明白了这一点，才不会让自己陷入无尽的悲伤中。

完美主义者追求完美的理想状态，他们的焦虑就在于无法达到完美。做一件事情本身所耗费的体力并不大，但完美主义者最

大的消耗在于内心的消耗。

比如，有的人在参加聚会的前一天焦虑到失眠，因为不能确定自己穿哪件衣服是最好的，既不会失礼，又不会不起眼，还不会太张扬。

有的人参加公开演讲前，焦虑到好几天心绪不宁，害怕自己讲错、结巴、忘词。

有的人在工作中会因为焦虑而迟迟不愿意开始，比如做一个会议PPT，因为害怕做错、做坏一个地方，让同事看到自己水平不够，所以迟迟无法下手。

因为追求完美，他们每做一件事情，都把自己搞得很累。还有一些人既无法达到完美，又无法接受不完美，于是干脆什么都不做，结果一生一事无成。

对于陷入这种完美主义痛苦中的你，我的建议是，请飘浮到半空中，看看那个为了某件事的细节和结果以及外界评价而惴惴不安、焦头烂额的自己，你会发现，你对那些事情太过在意了。

没错，就是太在意了。你需要对无法绝对控制的未来放手。

人的生命很短暂，短暂到什么程度？相对宇宙这个时空的概念，我们的生命短暂和渺小到几乎不曾存在过。有多小呢？我想就是无限接近零那么小吧。

我曾读过一篇文章，叫作《在人类之前，地球上还存在过一个工业文明吗？》。英国莱斯特大学的地质学家简·扎拉西维奇（Jan Zalasiewicz）说，即使在今天，地球表面也只有不到1%是城市化的，而我们的大城市在数千万年后还能留下痕迹的机会也十分渺茫。他指出,大都市的最终命运主要取决于周围的地表是否正在下沉(下沉则被封存在岩石中)或上升(上升则被雨水和风带走)。他说,新奥尔良正在下沉,而圣弗朗西斯科正在上升。

也就是说,几千万年后,现在的工业城市连痕迹都会被彻底掩埋。所以,对于在更久远的地球上,有没有和人类一样的工业文明曾经存在过,我们不能轻易下定论。

因为即使存在过和人类一样的文明,历经的岁月、地球的板块运动也早已将痕迹掩埋得干干净净了。

如果把138亿地球年的宇宙历史压缩到一年里,人类诞生至今所经历的所有时间不过14秒。可是,当我们纠结于一个没有答案的问题、一个无法实现的绝对控制、一个抓不住的完美选择时,我们真的"错以为"生命很漫长,错以为我们自己的一举一动、一件事情的某个结果、一个结果导致的某个评价如此重要。

如果此刻你再一次飘浮起来,飘浮到半空中,看看这个因为害怕失控或追求完美而深陷焦虑的自己,再飘得高一点,看看这个城市,再高一点,看看这个地球、这个星河、这个宇宙,你还能那么肯定眼下的这件事值得让你如此痛苦烦恼,让你费尽心思去强求完美吗?

无论你多么完美地过完这漫长的一生,拥有你想得到的全部,做到你想做到的全部,到最后,你都会被掩埋,好像什么都不曾发生过。

生命真实吗?

是的，很真实，当下是真实的。

生命虚无吗？

是的，很虚无，放进时间里，它虚无到就是一瞬间的幻觉罢了。

我知道你不可能没有烦恼和焦虑，就如同我一样。

但是，假如你能够于烦恼和执念之中飘浮起来，看到如此苦恼的自己其实只是个零，你就不会被焦虑和烦恼所吞噬，活在永无止境的沉重负担里。

第二章

学会拒绝，守护自己的心理边界

· · · · ·
· · · ·
· · ·

我们不可能活成一个让所有人都满意的人，
我们需要有被别人讨厌的勇气。

你不敢表达自己吗?

听话的人比比皆是,不听话的人其实很少。无法表达自己的人其实一直生活在愤怒中。

一

很多人在童年的时候是很听话的孩子,因为人们会尽量避免让自己成为不听话的人。从心理学的角度来说,我们的很多行为模式是由奖励机制决定的。听话的孩子会得到奖励,会得到父母的喜爱和自己想要的玩具;而不听话的孩子则会得到惩罚。所以,从出生开始,我们就会很自然地生活在父母的要求和期待里;长大后,生活在社会规则里。我们内心形成了这样一个奖惩系统,它会在潜意识里指导我们的行为。

我们需要一个这样的奖惩系统,如果没有,社会就会变得混乱无序。比如,具有反社会人格的人,这个系统就出了问题,他们不觉得做一件很糟糕的反社会的事情应该受到惩罚。

　　但是，今天我想跟大家分享的是这件事情的另一面，那就是有些人太过听话了，完全无法判断自己做得对不对、好不好，无法表达自己，一辈子活在听话中，给自己带来无穷的苦恼。

　　我曾经遇到过一个来访者，她的困扰是选择回到家乡，还是继续留在北京当"北漂"。她的家乡在成都，父母希望她能回去，帮她规划得很不错，给她买了房子，还可以帮她安排工作、介绍对象。可是她想留在北京，这里的天地会更广阔、更自由。但她在北京做的几份工作都不是很顺利，"996"的上班时间也让她非常累。在这样的情况下，她很迷茫，不知道前途在哪里，也不知道未来的另一半在哪里。

　　所以，她和父母之间出现了很大的分歧。如果这个时候她仍然要做一个听话的人，内心的那套奖惩系统还继续发挥作用的话，那她就很难去为自己的内心做主。事实上，最终她还是听从父母的话，回到了家乡。

二

　　很多人可能会做一些自信练习，早上起来看着镜子说"今天我要为自己而活""我要听自己的""我很自信"等这样正面自勉的话。但是，在他们内心的认知中，他们仍然是非常需要被父母肯定的孩子，非常害怕触犯父母定的规则，惹得他们不高兴，哪怕已经三四十岁，甚至长着胡子，两鬓已经有了白发，仍然害怕面对那份内疚感，害怕背负父母的失望。

　　有些人意识到自己已经长大了，会刻意不听父母的。比如，一些妈妈跟自己的父母一起带孩子，她们觉得父母的那套育儿观都过时了，会直接和父母对着干，跟他们吵，说一些可能不是很孝顺的、难听的"以下犯上"的话。但她们仍然会被其他规则捆绑，比如她们同时也是那些陪小孩写作业陪到脑出血、心梗而入院的特别焦虑的妈妈。

　　她们难以坚持自己的判断，很容易被别人的想法带跑。如果别的妈妈问她们"我的孩子在参加××培训班，你的孩子有没有参加？"，她们就非常不淡定，可能回家会跟自己的妈妈争得面红耳赤，但在外面还是内缩的、自卑的、非常茫然的妈妈。在这时，如果有一点风吹草动，比如孩子的成绩退步了一点，或者跟别的妈妈聊天发现自己孩子上的补习班不够，或者课程不够优秀，她们马上就会陷入很强烈的自我怀疑中。

　　听话的人比比皆是，不听话的人其实很少。

三

　　一个人太听话，不敢表达自己，除了不能活出自己想要的生活，无法让自己的能力尽情发挥，还会有什么严重的后果呢？

　　我遇到过一些无法表达自己的人，他们的情况严重到生病了也硬扛着，一直到病得很严重，才说"我真的不行了"，延误了治疗。

有的人一再委屈自己，成全对方，但是最后的结果很遗憾，当他接受不了的时候，关系可能会完全毁掉。我曾经见过这样的夫妻，老婆一直在忍，因为她不会表达需求，所以她对婆婆、小姑子、丈夫都有诸多忍耐。有一天，她耗尽了自己，满含怨恨要离开家。后来，我去跟她谈的时候，才发现在十年的婚姻中，她从来不会表达"我很不舒服""我已经觉得难以支撑""你已经突破了我的底线"，以及去解释"为什么在你的家人看来这是很寻常的一件事情，我却很难受"。

无法表达自己的人其实一直生活在愤怒中。

我有一个30多岁的来访者，他没有办法跟别人说"不"。比如，他很难开口跟自己的妈妈讲"我不愿意"，妈妈每次来他家，就好像领导视察一样，说你要买一台空气净化器，不然空气会污染；窗帘颜色不对，你要换……好像他是三岁的孩子，指指点点，管东管西。他内心经常感到非常愤怒。

是的，有时候，父母认为他们只是说了一句话，给我们提了个建议而已，而我们却产生了那么强烈的愤怒，恨不得要打回去。

凡是有这种愤怒的人，他们都是愤怒于父母没有尊重他们的边界，没有把他们当成成年人，因为父母不会跟成年人这样说话。所以，当父母提出这些所谓的建议的时候，被提建议的那个人油然生出的感觉就是你没有把我当成一个能够照顾自己、过好生活的独立的人，我在你心里什么都不是，我什么都不如你。但是，他们什么也说不出来。

　　一个人之所以没有办法表达自己，可能是因为童年时他的表达没有人听，自己好像在对着一座山呼喊，山岿然不动，所以他不再说了。还可能是因为表达了，结果却得到一个让他羞耻的回应。举个例子，现在30岁以上的一些朋友，他们小时候的物质生活水平还不是很高，特别是农村的孩子，提出要花几块钱去买一些零食或汽水，或者看个电影，父母的回应可能大多是你凭什么，你也配，你也不看看家里是什么情况。

　　还有一些重男轻女的多子女家庭。我曾经遇到过一个案例，小时候，姐姐跟弟弟一起出去，姐姐犹豫了很久想买一个玩具，爸爸对姐姐劈头盖脸骂一顿，其实那个玩具可能才三块钱，但是爸爸当着姐姐的面，给弟弟买了一个二十几块钱的玩具。之后，这个姐姐还能提出自己的要求吗？这个姐姐长大之后，很可能会去修复童年的这个心理创伤，她会买几千块钱一双的鞋、几万块钱一个的包包。可是我想，她在父母面前、亲密的伴侣面前、朋友面前、老板面前，仍然是一个无法开口表达自己的人。

四

　　如果过去的一切已经无法改变，那么从现在起，我们怎样才能够做到敢于不听话，敢于表达呢？

　　要做到不听话，就要打倒心中的巨人，建立一套自己的内在标准。我们常常说一个人做一件事或者不做一件事，要先过自己那一关。过自己那一关就是要有自己的一套标准。不要把父母当成权威，把老板当成权威，更不要把身边所谓的人生赢家当成权威。当你的生活中到处都是权威，你一天到晚都处在一种很卑微、很羞耻的感觉中时，你又怎么可能有自己的主见？更不用说表达出来了。

请把心中的巨人打倒，站起来，不要做匍匐在地的小矮人。

别被"善良"掏空自己

一个被别人用善良绑架的人，可能也是与之配对的合谋者。他为什么没有绑架别人，却绑架了你？我们不可能活成一个让所有人都满意的人，我们需要有被别人讨厌的勇气。

一

2017年12月，国内某知名学府在读博士生杨某因为抑郁而自杀，这个悲剧性事件引起了社会讨论。杨某给人的感觉是一个非常善良、非常单纯的学生。他的导师和他关系非常密切，媒体报道中是这样说的：他被要求接送导师，帮她买各种生活用品，给她的朋友圈点赞，听她发各种牢骚，要鼓励她，感谢她，爱护她，甚至要根据她的要求穿搭衣服，手机不能关机，要24小时陪她聊天，积极回应她随时随地的感情需求。

当时我写过一篇文章，题目是《别再掏空自己，别被大灵魂吃掉了你的小灵魂》，或许杨某就是一个被大灵魂吞噬掉的小灵魂，一个被善良掏空了的人。导师对他所做的，除了导师本身该尽的教育义务，还有道德绑架，比如她会说"老师把心都掏出来给了你"之类的话，或者情感勒索，比如说"你为什么不在粉丝群里回复我呢？没人回复，老师多没面子"。她跨越边界去控制学生的生活，比如她跟杨某谈到，你的女朋友对你远远不如你对她好，老师希望你能够好好处理你和你女朋友之间的关系，等等。

我们当然知道，在高校里，博士生导师对在读博士生的前途的影响有多大，但以道德绑架、情感勒索的方式去控制学生，这是很不应该的。

杨某的死是一个极端事件，但一个人通过道德绑架和情感勒索去控制另一个人的行为是经常可以见到的。很多时候，有的人会以你不善良为名来要挟你，如果你掉入了"必须要让对方觉得我是善良的人"这样的陷阱，你可能就会不断地掏空自己，成为人们常说的烂好人。

二

为什么有些人会成为被善良掏空的烂好人？因为他们不想让对方失望，所以只好超越自己的能力去做很多事情。

一般来说，80%的自杀者是因为抑郁而自杀，或许杨某在自杀的时候就处于一个能量耗尽的抑郁状态。为了让导师满意，杨某掏空自己，勉力而为，以至于到了没有办法恢复正常心理能量的状态，从心理学的角度来讲，这对他的心理健康是一种巨大的威胁。如果一个人长期透支自己，去完成自己不可能完成的事，对他人的欲望或是情绪无休止地满足，那么这个人的活法是极其危险的。在别人看来，他可能活成了一个善良的人，但对他自己来说，这是一种伤害。

一个被别人用善良绑架的人，可能也是与之配对的合谋者。他为什么没有绑架别人，却绑架了你？一定是你身上有一些易于被绑架的特质，比如自我边界不清，比如有一个肥大的超我。

"肥大的超我"是心理学上的一个比较专业的说法。每个人都有本我和超我，本我是我们自己的欲望，是我们的本能；而超我是我们身上另一个管理道德的"我"，对我们进行审判，类似法官的角色。"肥大的超我"指的是超我太大、太重、太严苛。可想而知，当超我太大、太严苛的时候，本我的日子是很难过的。我们要活得舒服，就需要让超我和本我达到一个平衡，既不能完全按照自己的欲望生活而不顾他人，那样会变成恶人或坏人，又不能完全不顾及自己的需求和愿望。如果在面对很多事情时，你只能善良，完全没有办法忍受一点所谓的"自私"，那我不得不说，你的超我过于肥大了。

在这里，我联想到我的一个来访者，在人生的很长一段时间里，她都觉得拒绝别人的要求是非常自私的行为。比如亲戚开口向她借三万块钱，其实她也不是很想借，但她又觉得借了钱给对方，自己才是一个善良的人；如果不借，她会觉得自己是坏人、自私的人。

所以，当我们被"我善不善良"这样的问题困扰时，可以尝试用理性分析一下，自己在生活中做的所有事情是不是真的能够将自己定义为一个糟糕的、特别自私的人。

三

"自私"其实不是一个坏的词。如果将自私理解成为自己而活，以照顾自己的情绪为先，那么这样的自私是合理的。反过来，如果一个人内心的道德标准中不可以有一丝一毫的自私，必须是道德完美者，那他活在这个世界上也很困难。实际上，世界上很少有人真的能活得一点都不自私。

心理学家阿德勒有一个非常著名的理论——"被讨厌的勇气"，后来成就了一本同名的书，书中探讨的就是如何活出自己，如何拥有被讨厌的勇气，可见被讨厌的勇气其实是很珍贵的。很多要在别人眼中活得善良的人，缺乏的就是被讨厌的勇气。比如，今天你来找我借三万块钱，希望我能够帮助你，而我显然有这个能力，我似乎就找不到立场和理由去拒绝你，我怕拒绝你，你就会讨厌我。但其实，即使我有能力帮助你，我也可以选择不帮助你，这叫自由；如果一定要我借给你，那我就不自由了。

我们需要建立自己的标准，我们不可能活成一个让所有人都满意的人，我们需要有被别人讨厌的勇气。

四

　　我曾经说过一句话：**很多人都误解了世界的真实，这份误解就是高估了人性。**如果世界上的所有人都纯洁无瑕，都为他人而活，那么绝对善良是能够存在的。但实际上，在我们生活的现代社会，适用在方方面面的关系中的，有时仍然是丛林法则。我们是人类，有高度的文明，但同样，我们也不能忽略和回避我们身上的动物性，回避本能就是压抑，是自我欺骗。丛林法则就是：一样东西我有，你没有，如果我给你，我就没有了。那么在给予的时候，我就会思考我要不要给、我愿不愿意给、我想给多少，这是一个很现实的问题。

　　在杨某这个令人遗憾的事件里，我们会看到世界上真的有一种人，他们拥有一种从别人身上吸吮能量的能力，宛若巨婴，他们很善于用一些跟"道德""善良"相关，或者跟"善良"反面相关的词语来达到他们对别人的控制。如果你遇到这样的人，你在自己的世界里觉得自己很纯粹，而没有看到在对方的世界里，这不过是丛林法则，那么你可能就会成为一个可怜的猎物。他能够从你这里得到他想要的一切，你可能会被他要走你最珍贵的东西。

　　如果一段关系经不起拒绝，那么我们需要想一想，这是一段怎样的关系？一个人因为你拒绝他或者令他失望，或是没有给予他想要的帮助或者热烈的回应，就觉得你是一个坏人，这样去认知你的人，我只能说他是一个偏执的人，他从不曾看见真实的你，或者他也不想看见真实的你。那么，你还要挽留、经营、在意这样的关系吗？

我们需要构建一些有生命力的关系。我们常常说有生命力的关系是流动的，流动就是能够接纳关系中有一些缺憾，我能接得住，你也能接得住；流动就是我们彼此能表达自己的需求，哪怕我表达的时候可能会让你不愉快。流动的基础是真实。

如果我们将自己真实的愿望、真实的自我，或者人性中合理的、自私的部分掩盖起来，去成为一个完全满足对方需求的善良的人，这就是一种幻想，而且这种幻想难以维持，即便维持下去，也是极其危险的。

拒绝别人
也能让人如沐春风

很多人认为，拒绝是带有攻击性的，其实并不是这样。高情商地说"不"是心平气和的，没有愤怒、委屈、怨恨，最重要的是发自内心地去理解对方。

一

怎样拒绝别人，才能让别人感觉比较舒服？很多人都会有这样的认知误区：不能拒绝别人。因为他们觉得一旦拒绝别人，自己与别人的关系就会毁灭。他们体验到一种自我的坍塌感，好像我和你之间的关系毁灭了，就意味着我不被爱了，被抛弃了。

因为有这样的内在动力，所以拒绝对他们而言是天方夜谭。实际上，这种所谓的自我坍塌、关系毁灭，只是你的联想。你拒绝了别人，这跟你的自我没有关系。至于被拒绝的人会不会很不开心，他们可能会不开心，也可能无所谓。但不管开不开心，问题都不在你这里。比如，有一个朋友约你今天晚上去看电影，但你要加班，没时间去，所以你拒绝了他。结果过了两天，这个朋友又约你去看电影，你还是没时间。这个时候，你就犯愁了，担心再拒绝他就会毁掉你们的关系。其实，每个人的性格不一样，有的朋友对被拒绝很敏感，你拒绝他的时候，需要格外在意他的感受，观察他的反应，但有的人对被拒绝似乎没有什么感觉。这是因人而异的。你的朋友可能会觉得：没关系啊，我只是随便问问，如果你今天也没空，我可以约别人。看，也许你的朋友丝毫不觉得这是问题，而你却感受到了天大的烦恼。这就没必要了。

二

从人的内在模式来看，一个不能去拒绝别人的人，他小时候和父母之间的边界可能是不清晰的，或者是已经互容到根本没有边界。他根本分不清哪些是父母的事，哪些是自己的事。对于父母提出的要求，他觉得都是他的事情，所以很少拒绝父母。在一个这样的家庭里成长，他对自己的感知是很不敏锐的，但对别人的感知很敏锐。就好像我们的皮肤是身体的第一层防护，当你的手触到我的皮肤时，我会感知到你的手，还有我的皮肤，这就是边界。但对自我感知不敏锐的人来说，他只感知到别人的手，却感知不到自己的皮肤。那么，在别人跟他提要求的时候，他第一时间感知到的不是我觉得不舒服，我做起来会很困难，而是别人很需要我的回应，所以他马上就去顺应对方的需求。

三

我遇到过很多这样的来访者，他们跟我讨论自己的生活时很懊恼，会对自己很愤怒。他们答应了别人要去做一件很难做的事情，后来又后悔了，对自己当时的承诺很生气，甚至不知道自己为什么要答应对方。

那我们怎样才能打破自己的模式，学会说"不"呢？

说"不"是有技巧的，怎样才能不那么生硬地表达拒绝，又能够让对方感觉如沐春风呢？

首先，我们需要站在对方的立场上，给对方一些共情和理解。将拒绝变成一件不那么有攻击性的事情。在很多人心里，拒绝是带有攻击性的，其实并不是这样。

站在对方的角度去觉察一下这个人提出的要求有没有问题。比如，你的先生希望你在下班之后还要做几件事情，你先和他共情，站在他的立场上去思考一下。他可能不知道你今天都干了什么，也不知道你每天有多么忙碌，你们很缺乏沟通，有大量的信息不对等。又或者以前他看到他母亲的工作强度更大，不自觉地将你和他母亲做对比，他会做一个预设，觉得这些事情对你而言也特别简单。当你理解了这些原因之后，你只需要平静地告诉他，你很忙，所以不能答应他的要求。

如果你不和他共情，不理解他提这个要求是基于什么样的成长背景或感受，你就会有感到不被理解的委屈和愤怒。那么，你很容易指责他不心疼你，并且针锋相对地撑回去。这就成为攻击行为。如此，一个小小的拒绝就演变成家庭战争。

有的人小时候，父母不允许他拒绝，所以他对父母积累了很多愤怒。长大后，当其他人向他提要求，他去拒绝的时候，就很容易显露出委屈和愤懑，反而让拒绝看起来像攻击。

高情商地说"不"，最重要的是发自内心地去理解对方，给予对方一个口头上的肯定：你并没有提出一个错误的要求。很多时候，我们会进入一个误区：想拒绝对方，但是又不想在超我里成为一个坏人，所以就会在潜意识里说对方是一个坏人，给对方的要求泼污水，把对方的要求变成一个坏的要求，这样拒绝对方就没有压力了。可是这样就会损害关系，对方会很生气，因为他觉得他的要求是合理的。这种情况在夫妻之间常常发生。

就好比一个孩子感冒咳嗽了，但是想要吃冰激凌，我们不要直接去骂孩子，说你都咳嗽了，怎么还要吃冰激凌，我们可以告诉他为什么我们不能给他买冰激凌。

所以，高情商地说"不"是心平气和的，没有愤怒、委屈、怨恨。

四

学会拒绝是提升关系的一个手段。如果你不拒绝，总是轻易答应对方，压低自己的感受，那么长此以往，你会积攒很多愤怒。当这种愤怒无处发泄，累积到最后，你还是会攻击对方。你可能会对他进行隐性的攻击，甚至会来一盘清算，毁掉你们的关系。所以，我建议大家学会适当拒绝。

人都是有可塑性的，关系都是共建的，他人对你的认知是与你的表现有关的。他们需要知道你的边界和底线在哪里。即便是你的伴侣、你信任的朋友，也需要通过你的拒绝来探知你的边界——哪些是你能接受的，哪些是你不能接受的。这样才能形成一段真实且彼此尊重的关系，一段能长期运营的关系，不以消耗某一方的心理能量为前提，也不以施害和受害这样的关系为前提。这样的关系会让我们觉得舒服，让人舒服的关系才能维持长久。

此外，有时候，你需要表达出一个更真实的信息，那就是我可能没有这个能力。

这恰恰是最难的。**很多时候，我们之所以无法拒绝，是因为我们不想承认自己没有能力。**就像很多年前郭冬临演过的一个小品，为了让朋友们觉得他很有能力，他大包大揽地答应帮朋友们买火车票，但实际上他并没有内部关系可以搞到票，于是只好深更半夜非常狼狈辛苦地在火车站排队，还不敢让朋友们知道。所以，如果我们能够诚实地面对自己，接纳不完美的自己，就能够平静坦然地说出"你以为我有这样的能力，但其实我没有"。像这样的拒绝，不但不会让关系受影响，还有可能让关系更进一步。因为你理解了对方，而对方也更理解了你。

任性是被低估的美德

一个挑不出一点毛病的人不一定会为人们所爱。一个任性的人，如果他活得很自我，不会控制别人对他的评价，这种自我里充满了真诚的表达，反而会让人喜欢。

很多人都听说过"讨好型人格"，但我要做一个澄清，这其实只是一种文学表述，心理学上并没有"讨好型人格"的说法。这个说法只是为了让大家更好地去理解这类人的特点。其实，讨好的行为并不仅仅存在于某一类人身上，在任何人身上都会存在，只是程度不一。

一

为什么我们会去讨好别人？

因为我们要体验到一种"自己是好的"的存在感。我们从很小的时候就知道要让妈妈喜欢自己。长大之后，我们要在自我认知里体验到"自己是好的"的存在感，就需要让外界喜欢自己。所以，我们对于被喜欢的需求是正当的，这是本能。所以，讨好不是一种病态，讨好型人格也不是一种人格障碍。

什么时候讨好会出问题呢？那就是讨好的程度过重，给自己的心灵、生活带来负担，让你感觉到活不出自我，无法保护自己，无法表达自己的时候。

想要改变，不去讨好别人，首先要把主动权握在自己手上。

我观察到在生活中去讨好别人的人总会觉得自己是一个受害者，而被讨好的人是一个掠夺者。这样一来，好像所有讨好的行为都是因对方而起。如果这样想下去，我们又如何做到不讨好呢？

我们要将"讨好还是不讨好"的缰绳握在自己手上。尝试思考一下，你讨好对方的时候，真的是因为对方在索取，还是你自己像上了发条一样，一个劲地要去满足对方？我们需要问自己一个问题：为什么我会去讨好对方？

我有一个好朋友，他跟我说他最害怕"有朋自远方来"。他住在一线城市上海，我们知道那里有很多可以游玩的地方，比如迪士尼乐园，节假日总有很多人会去。他特别怕有朋友去上海找他，即使别人未必真的会去找他，只是去上海旅行，如果有朋友告诉他要来上海，他就会觉得自己必须去陪吃陪玩陪聊。其实他有很多事情要忙，没有那么多时间和精力，而别人也没有要求他这样做。但是，每当有人来，他都会不由自主地把自己变成一个讨好者。在事情过后，他都能够清晰地意识到自己站在了一个讨好者的位置。面对朋友或者亲戚，他总希望对方能够开心、满意。

我和他聊的时候，我说，你之所以把自己搞得这么累，其实不怪别人，是因为你在这件事情上也有目的。

讨好者的目的究竟是什么呢？讨好者心里其实有深深的控制欲，他们在控制被讨好的那个人的情绪。比如，我招待你去我觉得最好的一家餐厅，你肯定要爱吃；我给你安排今天去哪里玩，还全程陪同，我需要的就是你对我很满意，你感到很快乐，你要肯定我、表扬我、赞许我。这就是讨好者的目的。

你希望对方快乐而做出的种种行为背后都有一句潜台词，就是你不能接受他有一点点对你不喜欢、不满意、不需要。这是不是控制呢？也就是说，我们要将对方的情绪反应、对方的感受，甚至将对方独有的评判体系都牢牢控制在一个"我说了算"的范围内。这就是控制，而控制的方法是去讨好。只不过讨好者内心没有觉察到这个运作模式，没有意识到自己的目的而已。

希望对方快乐是一个美好的、善意的愿望，但如果不能够接受对方在和自己相处时有一点点不舒服、不快乐，这就是一种控制，甚至是一种绝对化的控制。

二

那么，我们为什么会说任性是一种被低估的美德呢？

通常我们会觉得"任性"是一个带有一点贬义的词，设身处地事事为对方考虑似乎才是对的。

就像上面所说，如果无处不在的讨好暗含着你对他人的控制，那么任性就是放开了这个控制。

我们能想到一些比较任性的影视角色，比如《射雕英雄传》里面的黄蓉。大家可能会觉得她是一个很自我的人，甚至有点自私，不按常理出牌，也不是很讲道理。可是，我们看这部作品时，最喜欢的可能就是黄蓉。虽然她很自我，但她很真诚，不伪装；她也不强迫，不控制。她没有把自己放在一个"我要很完美"的人设上。

我们看《射雕英雄传》时会发现，郭靖和黄蓉的反差特别大。郭靖从小受到他的母亲、师父，还有后来的全真教的名门正派人士等这样一些道德模范、道德完美主义者的影响，因此他想成为一个完美的人，而完美的人通常会受到各种约束，活得很累，所以他遇到反差很大的黄蓉，才会喜欢她，因为他觉得黄蓉自由自在，不受约束。

郭靖身上那些真实的、人性化的，想要去自由呼吸，为自己而活的渴望其实是通过黄蓉表达出来的。所以，他遇到黄蓉，爱上黄蓉并和她在一起，他才完整。否则，我们看到的郭靖只会是一个不那么被人喜爱的、单薄的人物。他之所以成为金庸小说里顶天立地的英雄，与他有一位和他反差很大的、任性自我的伴侣是分不开的。

一个挑不出一点毛病的人不一定会为人们所爱。一个任性的人，如果他活得很自我，不会控制别人对他的评价，这种自我里充满了真诚的表达，反而会让人喜欢。

当然，要懂得拿捏任性的火候和分寸，要注意自己和他人的边界。如果拿捏得不好，就会伤害他人。其实我不担心一个很爱讨好的人突然成为一个特别任性的人，我担心的是如果你一直都太讨好别人，那你是很难活出任性的。

就好像一个淘宝店的卖家，好评对他而言特别重要，他不能忍受有一条差评。有个关于淘宝卖家的段子说，如果你给他一条差评，他会追你追到天涯海角，不惜一切代价要让你把差评改过来。

爱讨好的人就有点像这种淘宝卖家，一定要把自己的人生弄成零差评，就不真实了，也不自由了，失去了活着的那种味道。

三

当然，可能有的人会说，我也不是去讨好所有人，但我在有些人面前的确会刻意讨好。哪怕你只在一个人面前极力讨好，这段关系也很可能让你处在能量耗竭的状态。

无论是在夫妻关系里，母子或者父子的关系里，还是在工作岗位上，不管你要去讨好谁，你可能都需要把自己的棱角磨平，在内心边界上做一些切割。

在一段关系里，做一个讨好者会有损于你去建立真正的有生命力的关系。因为你在讨好的同时，可能会将自己放在受害者的位置上，同时将对方放在加害者的位置上，这样这个人就被你投射成了一个坏人。

而你作为一个讨好者，作为一个付出者，站在了一个道德高地上。一个唯唯诺诺的讨好者，其内心深处有这样的独白：我都对你这么好了，你就应该怎么样怎么样。

实际上，没有人愿意被投射到坏人的位置上，即使他被讨好了。潜意识是很聪明的，一个人的潜意识会让他觉得，如果今天你讨好了我，那日后我拿什么来还你呢？从一开始，这段关系就不平等。所以，**被讨好的人在被讨好的过程中，潜意识里会带着一些防备；而讨好的人在讨好的过程中，潜意识里会带着一些对对方的控制和索取。**

如果这样去看，这种讨好与被讨好的关系肯定不是一段能够持续经营的，让人快乐、轻松的关系。

甚至可以说，通常讨好者没有办法和别人构建平等的关系，平时不由自主地把自己放在一个我不如你的位置上，而当累积了足够的付出之后，内心又会把自己放到一个我比你高的位置上，觉得你应该要回报我。

如果你意识到自己在生活中或关系里有很多讨好行为，那么你可能要从上述几个方面一一觉察一下：我究竟有没有在讨好中控制他人？我是不是无法和别人构建平等的关系？可以尝试去放开自己，稍微体验一下任性究竟是什么感觉，真正地去表达自己的任性。

一个讨好者也许只有去尝试任性之后，才能获得天翻地覆的新的体验。如果是这样，也许讨好者的讨好行为就会改变，就会减少。

你那么怕冲突，
如何捍卫自己的底线？

这个世界上的每个人都是不一样的，"不一致"才是世界的真相，我们需要和别人建立一种分化的关系，不能为了避免冲突而一直忍受，践踏自己的底线。

一

每一个害怕冲突的人，其内心深处都有一种愿望：我希望对方可以认同我，可以变得和我所想的一样，这样就不会有冲突发生了。

但这往往是不可能的，这只是你的期待，不符合现实。

我们要有这样一个认知：人和人之间有冲突是很正常的。我和你是两个不同的个体，我们肯定是不一致的，肯定是有不和谐、有分歧的地方的。

如果我们完全没有冲突，在所有事情上都一致，这反而是一

个很不正常的状态，心理学上有一个词叫作"未分化"。

我们可以想象两个圆，你是A圆，我是B圆，正常状态下，我们之间有一段距离，是分开的。想要两者完全没有冲突，就等于A圆和B圆完全重叠在一起，你不能有你，我也不能有我，这种未分化是不正常的。

我在做咨询的时候发现，有这样一种人，面对冲突，因撑不回去或无法去撑而受困扰，他们在原生家庭里往往是和母亲有共生关系的。

从小妈妈可能就有点吞噬孩子，要求孩子和她想的一样，孩子不敢顶嘴，不能跟妈妈有冲突，习惯了各种事情和妈妈保持绝对一致。长大之后，这种未分化的状态会扩展到他社会关系的方方面面。

我的一个来访者，他从小就和母亲有共生关系，长大后，他不敢和人发生冲突的情况严重到什么程度呢？他在外面开车跟别人发生了擦碰，都没办法去跟人家谈理赔。

二

我还接到过一位女士的来信求助，这位女士和一位军人结了婚。结婚之前，双方已经谈了几年恋爱，对方的工资交给她保管。订婚的时候，婚房是男方的妈妈买的，女士和老公两人的存款付了装修费。之后，婆婆催她付买婚房电器的费用，前后一共花了六万多元。

快结婚的时候，婆婆向她索要嫁妆，暗示她送一辆车。这也就算了，订婚的时候，突然冒出个之前她从来不知道的小姑子，小姑子离婚了，带着一个女儿。在这位女士和老公结婚当天，小姑子抛下女儿让他们带，自己却去夜店玩乐。

当新娘子当天还要帮小姑子看孩子，不得不说，这位女士结了个特别糟心的婚。婚后，原来说好两个人住的婚房，因为老公回部队去了，以及其他种种原因，竟然住进了婆婆、小姑子和外甥女一大家子人。

后来，这位女士怀孕了，挺着个大肚子，还要照顾外甥女，八岁大的小姑娘上完厕所还要她帮忙擦屎擦尿。最严重的一次，她挺着大肚子躺在沙发上休息，外甥女跳来跳去，直接踩到她的肚子，当时马上见红，幸好立刻送到医院急救，孩子差一点就保不住了。

这位向我求助的女士告诉我，对于这一切，她感到很烦躁，经常想明确表达拒绝、抗议，可是每每心里憋得难受，无法对婆婆和小姑子说出来，希望老公可以帮她解决，老公却不以为意，以至于现在她非常不想面对婆婆和小姑子，看见她们就浑身不舒服。

在这个真实的故事里，这个求助者怕引起冲突，不敢表达自己真实的感受，结果导致别人一再践踏她的底线，甚至差点酿成很严重的后果。

她的家不再是她的家，而成为她的婆婆和小姑子的家。

为什么婆婆索要陪嫁，她不敢明着撑回去？

为什么自己人生中唯一一次做新娘，却无法拒绝帮小姑子带熊孩子？

为什么明明是自己的婚房，后来却因为种种原因，住进婆婆、小姑子一家人，也不敢撑回去？

原因就在于她不希望发生冲突，她内心有一种期待，希望过分的婆婆、小姑子，以及像墙头草一样的老公，能够和她有一样的想法，知道这些做法是不应该的，会让她不开心，然后主动帮她解决这些问题。

事实上，这种期待不过是一种幻想。要知道，婆婆和小姑子的想法是完全不一样的，否则她们也不会这么做。

在婆婆眼里，结婚是两个家庭利益的交换。

在小姑子看来，弟弟娶回来的媳妇必须贤良淑德，做饭带娃样样行，有便宜给我占。

这里我想结合婆媳关系多谈一点。婆媳关系问题一向是世纪大难题，原因就在于婆婆和媳妇明明价值观不一样，却总是意识不到这一点，在心态上处于一种未分化的状态。

比如，在中国的很多地方，按照传统观点，公婆是长辈，媳妇就该听公婆的话；结婚就是两个家庭的结合，儿子成家后的家，就是公婆的家。如果父母帮儿子儿媳出了买房子的钱，就更会觉得自己才是这个家的主人。

就像上面案例中的婆婆一样，或许她觉得，把离了婚的女儿和外孙女领到媳妇家里住没有什么不妥当。

可是，按照年轻人的价值观，结婚只是两个人的事情，和婆婆、公公、小姑子、小姑子的熊孩子等人没有什么必然关系。

这就是两种完全不同的价值观和文化的碰撞，持有两种不同价值观的人，谁也难以说服谁。

我们应该意识到，改变别人的价值观和世界观是很难的，再气愤也没有用。

我们所能做的就是表达自己的不认同，然后去和对方协商，最后做出选择。这才是面对问题、解决问题的方法。

三

无论是在生活中还是在咨询里，很多人一直纠缠在情绪里，抱怨对方为什么要这样想，而自己却不能直接反驳回去。

他纠缠于对方竟然可以这样想，就意味着他从一开始就预设对方的价值观应该和他一样。

所以，接纳"每个人都是很不一样的"这样的人生真相，对我们来说是非常重要的成长。

有了这个观念后，我们的情绪会少很多，也更能理性地面对和处理问题。

我们再看上面案例中的这位女士，如果她能早些认识到自己和对方是分化的关系，就能够勇敢地做出生活中的选择，不管是从一开始就态度强硬地亮出自己的底线，保护自己的孩子和家庭，还是在无法协商解决的情况下，哪怕做出离婚的决定，都比维持现状，生活在水深火热之中要好。

再举个大灰狼和小白兔的例子。我们都知道，在大灰狼的世界里，吃小白兔是很正常的。

如果你是一只小白兔，却一厢情愿地认为大灰狼和你想的是一样的，那你肯定特别不能接受大灰狼要吃你这个现实。

可对方明明就是大灰狼啊，它整天想的就是要吃小白兔。所以，这就是我们曾经讲过的，如果对方信奉的是丛林法则，你怎么能指望跟他不起冲突，怎么能指望他和你的想法、感受一样？

当你意识到这一点，对方是一只大灰狼，作为小白兔，你要怎么做才能保护自己呢？你需要建个房子表达你的界限，你需要采取一些行动，甚至可能需要去发起反击。

面对不同的价值观，甚至对方的丛林法则，我们必须表达自己的立场，建立起边界，保护自己，该撑的时候，大胆地撑回去。

是真的"为你好"，
还是没有找到"边界感"？

当别人说"为你好"的时候，我们要有这样一个标准：你为我好的这个好意我可以认同，但是不是真的为我好，需要我自己来判断。

一

大家一听到"为你好"这三个字，是不是首先会想到父母？"为你好"是父母最常讲的话，而我们跟父母之间的冲突，我们与父母的那些爱恨情仇，也都包含在里面。

我有一个来访者，他跟别人说话都能和颜悦色，唯独和自己的妈妈说话，不超过三分钟，脾气就会上来，甚至大喊大叫。

他在咨询里跟我说，他这样对待妈妈之后，常常很自责，因为他妈妈会说，我是来帮你带孩子、照顾你的，我做了这么多事情，你为什么要用这个态度对老母亲？

也许这是很多家庭都会有的场景。我跟他说，你和你母亲之间之所以会产生这样的冲突，很重要的原因是她是你的母亲，你与她之间亲近的程度远远超过你与其他人，你们会非常直接地对待对方，所以也很容易针锋相对。这是我们要了解的第一点。

第二点就是妈妈的话语对你有控制，所以你才会如此愤怒。

我的来访者说，他一回到家，正准备去洗手，妈妈就说，你快去洗手吧。如果他咳嗽了两声，准备去找点药来吃，妈妈就会说，你怎么还不吃药？你这样下去会怎么怎么样。甚至他掉了个东西在地上，正准备弯腰去捡，妈妈也会在旁边说：快点捡起来！

这本来就是儿子要去做的事，但妈妈一提醒，潜台词就是没有她的提醒，儿子就不会去做：没有妈妈的提醒，他不会洗手，不会吃药，不知道弯腰把掉在地上的东西捡起来。我的来访者已经40岁了，但在妈妈眼里，他仍然是个孩子。

这意味着父母对你的控制，从你3岁到30岁甚至到50岁都没有改变。

父母为什么这么喜欢控制你？因为通过控制，能够体现他们的价值。人年纪大的时候，本身的价值可能就不牢固了，甚至会衰退得很厉害。

所以，很多在子女家居住的父母经常会强调他们是在帮你做什么，这就是在讲自己的价值。然后，这些父母经常会以长者的姿态告诉你，你应该怎么跟你的先生相处，你应该怎么跟你的孩子说话，这都是为你好。父母想要从各个方面去体现出他们仍然可以帮助你，你离了他们是不行的。

除此之外，**焦虑感也是驱使父母来控制你的一个因素**。焦虑的父母在年轻的时候很可能就已经是控制型的父母了。他们会很担心你出问题，他们承受不了，因为这意味着他们是糟糕的父母。等你长大之后，他们的焦虑不但没有减弱，反而会增加。因为如果缺乏不断的觉察和学习，那么年龄的增长只会带来心理能量的衰退，他们会变得更不自信，承受力更差。他们控制你，让你做什么，其实是为了缓解他们的焦虑。

二

对于这两点，一般做父母的是意识不到的，也不是所有父母都是虚伪的。他们说"为你好"的时候，真的是故意去找一个理由吗？我想也不是的，我们要去理解他们，他们的出发点的确是"为你好"。所以，当你很愤怒地回击说"你不要管我"时，他们会觉得很难过。

在这一点上，我们要理解父母，与他们好好沟通。

同时，假如你常常用愤怒或不太友好的语气表达了你当时的情绪，也不要因此感到内疚或自责。这是你在捍卫你的边界。

我们为什么很难和至亲谈边界？难就难在我们不想看到他们不开心，我们非常希望他们能够对我们的一言一行感到满意。很多人甚至会觉得，这种捍卫边界的行为是对父母的不孝。

我很理解这种感受。没错，当你捍卫边界的时候，你可能真的会让他们不愉快。因为捍卫边界，你一定会违背他们的初始动机，打破他们那种在你面前显得很厉害、很有用的幻觉，那他们一定会不愉快，甚至会觉得被羞辱。但这是必须要去做的一件事。

不管父母怎么做、怎么说，我们自己内心要有所觉察：我是成年人，你将我当成孩子，对我不信任，我却不能对自己不信任。我要有对自己的主场的控制权，不然的话，我如何成为一家之主？我自己的家庭怎么去构建？

说得远一点，很多人的心理问题都是家庭关系错位造成的。所以，每个人都要摆正自己的位置，守住自己的界限。这一点对于活出自己特别重要，也是成年人必修的心理课。

三

同时，我们也要思考，怎样去捍卫边界，减少冲突和伤害？

我的建议是，**在冷静之后，尝试找到一个平衡，用一些别的行为去肯定父母的价值。**

比如，买一些东西送给父母，给父母报名去旅游。虽然很多父母可能会拒绝，会推托，但是这会让我们在行为层面完成一个回报。

如若不然，你可能会背负很强的内疚感，觉得亏欠他们。

有时候，一些女性朋友向我抱怨，说老公买了很多东西给婆婆，每个周末都要提着大包小包去看父母，她们觉得很生气。这时，我会告诉她们，她们的先生可能是在用这种方式赎回他自己。

四

当我们反思父母对我们的控制时，也要反思一下，我们是不是也在对孩子进行控制。为什么无论我们说什么，青春期的孩子都觉得我们是错的？这种愤然的态度就表明他们在捍卫自己的边界，反对我们的控制。

我们关心的话语让他们觉得自己被小看了。他们正慢慢开始意识到自己在成为一个独立的人，同时也意识到他们的能力还不够。所以，这时候，他们的自尊是很脆弱的，他们是很惶恐的。如果我们什么事都以大人的姿态去介入，孩子就会反弹得很厉害，即使你并没有真的触碰到他们的边界，他们也会很不舒服。

所以，我们要去帮助青春期的孩子，但不要去管他们，要维护他们刚刚建立的脆弱的自尊。

不只是青春期，也许从孩子三四岁开始，我们就要尽量以朋友的方式跟孩子相处，这是对孩子的尊重。人一出生就会有主观意识，只不过在三岁之前，他可能会觉得自己跟妈妈是一个整体。一旦开始分化，他就会意识到他是他自己。当一个人意识到他是他自己的时候，他就需要被尊重了。

五

当别人说"为你好"的时候，我们要有这样一个标准：**你为我好的这个好意我可以认同，但是不是真的为我好，需要我自己**

来判断。

如果你能这样去衡量，事情就会清晰很多。

小到父母觉得我今天不穿秋衣秋裤就会感冒，但是我觉得穿秋衣秋裤让我很不舒服，我宁可承担感冒的结果，也认为不穿这个选择对我更好。

大到人生的选择、伴侣的选择，比如父母觉得某某人更适合做我的伴侣，但我不喜欢；或者父母、周围的亲朋好友觉得对我而言有份什么更好的工作，但我不喜欢……那么，我都可以做出我自己的选择。

总之，我是最了解自己的人，所以我也是最应该来判断这件事情对我好不好的人。父母说的好，别人说的好，外界说的好，我们可以听一听。而所谓捍卫边界，就是我要想想，然后我再做选择。这就是"为你好"与边界之间的关系。

敢麻烦别人，
其实会更受欢迎

所有的关系之间不可能完全没有瓜葛。如果我不做任何事影响你，你也不做任何事影响我，那我们之间是相敬如宾的疏远的关系。能够彼此麻烦的关系才是真正亲密的关系。

一

我有一位女性读者，35岁，未婚。她写信给我，说她现在活得越来越不需要别人，什么事都能自己搞定。她发现这带来一个问题，就是她很难进入亲密关系。

虽然她也会和一些还不错的男生约会，但她很难去依赖别人，接受别人的帮助，也很难开口让别人帮忙。久而久之，连进入亲密关系的动机也没有了。

为什么有些人在关系里不能或不敢去麻烦别人？有两种可能：一是不相信别人愿意被麻烦；二是觉得如果我麻烦了你，我就要付出高昂的代价去回报，那我宁愿不麻烦你。

现在我分别讨论这两种情况。

第一种情况，不愿意麻烦别人，是亲密关系里的信任出了问题。

什么叫亲密？亲密就是我可以麻烦你，你也可以麻烦我。所有的关系之间不可能完全没有瓜葛。如果我不做任何事影响你，你也不做任何事影响我，那我们之间是相敬如宾的疏远的关系。能够彼此麻烦的关系才是真正亲密的关系。

为什么一个人会不愿意麻烦别人呢？或许这个人小时候向父母或他人提出"帮助我"的请求时，经常遭到否定、训斥或无视，体验到了强烈的羞耻感。

比如有的父母重视分数，在孩子提一些要求的时候会说：你也不看看你上次才考了多少分，现在还好意思要求买新衣服。那一刻，孩子犹如被剥光衣服站在众目睽睽之下，这份羞耻感会被他牢牢记在心里。

在重男轻女的家庭里，女孩子在家里不怎么受重视，羞耻感尤为强烈。

还有一些人的父母总是很忙碌很累，关系不好，导致孩子的需求没有被看见，孩子也不敢去麻烦父母。

第二种情况，如果去麻烦别人，可能需要付出很多来回报别人，因此宁愿不麻烦别人。这也是一种非常典型的心理，这种人内心有一个公式：付出=索取。以前他可能被这种付出和索取的关系捆绑过。

比如他和父母的关系就是这样。父母说，我养育了你，你就应该听我的话，在很多事情上，你要割让自己的权利——选择权、决定权——给我，你跟谁结婚，在哪里生活和工作，都得听我的。

他被这种关系捆绑得太多，深受其害，就会觉得关系对他来说是一个负累。如果被人帮助之后就会觉得亏欠别人，因为内疚感而不得不听别人的，在很多事情上做不了主，那还是算了，不要麻烦别人了。

二

那么，为什么说一个人能够去麻烦别人，反而会更受欢迎呢？

我们可以想象一下，当你认为同事、朋友、伴侣会无视你的帮忙请求，或者会利用对你的帮助来控制你时，你是不是把他们当作坏人了？或者至少当成冷漠的人了？一旦这种认为他们是坏人的潜意识出现，你就会将他们推得更远，他们也没有办法走近你。你的这种不信任或者防备，对方也能感觉到。

你愿意麻烦别人，代表你相信对方。对方愿意帮助你，不会因此而控制你，代表你在潜意识里认为对方是值得信任的人。人被信任的时候，会很享受，而他回报你信任的方式就是来帮助你，他可能无须其他回报。

还有一点很重要：愿意麻烦别人的人会给对方带来很强烈的

满足感。

比如有些女生拧不开瓶盖，会麻烦男生帮她拧开，很多男生会很乐意帮忙。为什么呢？因为这让男生觉得他很有力量，你愿意将你的事情交给他去做，这是一种很真诚的肯定对方的表现。所以，让别人拧瓶盖的姑娘会不会受欢迎呢？很多时候是会的。

三

那么，怎样才能成为一个敢于麻烦别人的人呢？

首先，要尝试建立对别人的信任。也许你会被拒绝，但你要放开自己去尝试。当你尝试信任对方的时候，你的自我打开的程度会更大，对方打开的程度也会更大，那么你们的关系就会更进一步。

其次，不要预设帮助是需要回报的。尽管这个世界上有很多帮助是需要回报的，但我绝不认为世界上的所有帮助都需要回报。

人与人之间的善意是有生命力的，是相互连接的，你帮了他，他帮了你，你信任他，他信任你，这是一种很棒的关系。问题在于谁愿意先迈出第一步。

最后，你可以尝试先麻烦别人做一些小事。

过去我们可能觉得麻烦别人是很羞耻的，现在我们需要去改变这种想法。怎么改变呢？有一个词叫"覆盖"，我们用新的体验覆盖掉旧的体验。关系的创伤要在关系中修复，你必须去体验、经历新的东西，才可能改变旧的东西。你体验得越多，覆盖得就越多。

所以，请从一件小事开始，尝试着麻烦别人。比如让别人帮你拎一桶水，领个快递，然后回报别人一个"谢谢"。有了开始，以后就好办了。最重要的是我们如何能够开始，对这个世界重塑信心。

周迅演过一部电影，叫作《撒娇女人最好命》，生活中也经常有人说这句话。从某种角度讲，这是有道理的。心理学上有一个词叫"投射"，撒娇的女人会投射什么感觉给男人呢？那就是你是好男人，你很愿意帮助我，你很善良，有力量、有本事，我愿意信任你，而且我知道你对我好，喜欢我。

男性接到这些投射信息时，是很舒服的。当然，我也鼓励大家，很多事情还是要靠自己，都去靠别人是不可能的。但我们确实没必要像有些完全不会撒娇的女性一样，内心筑起铜墙铁壁，那是一种勇敢，但很凄凉，她们与人的亲密关系通常会很疏离。

每一天都是新的，我们遇到的人也是新的。过去我们投射给世界的是不信任，现在我们要投射出更多的信任。请相信，如果你投射出去的信息是"你爱护我，愿意帮我"，那么对方就更有可能爱护你，帮助你。所以，从现在开始，希望你可以大大方方地麻烦一下别人。

如何自信地做一个"内向者"

每个人的人格特点都是非常复杂的，世界上并没有一个人是绝对内向或绝对外向的。也许你是因为内向而自卑，可重点不是内向，而是自卑。

一

我想先从我朋友的故事讲起。

有一天，我的一个朋友告诉我，他很喜欢一本讲内向的人也很优秀的书。我问他，你为什么很喜欢这本书？他说，你不知道吗？我是一个很内向的人，我一直被内向这件事困扰。我听了很吃惊，因为我从来没觉得他是内向的。后来我思考这件事，突然意识到，生活中确实有很多人会给自己下一个"内向"的定义，觉得自己是内向的人，将这个标签贴了很长时间，并为此感到受困扰或自卑。但实际上，他们并不内向。

那么，这个内向的标签为什么会进入他们心里呢？可能是因为在很长一段时间内，我们的社会文化对内向有着偏贬义的评价，而对外向有着偏褒义的评价。常常有一些父母、老师或者长辈会遗憾地说，这个孩子比较内向，言下之意就是内向是不那么好的。

当我们的父母、老师或长辈在很长一段时间内将我们这种局部内向的、内缩的行为定义为是糟糕的，我们就会觉得自己很糟糕。比如，很多人小时候不敢举手发言，站队的时候躲在后面，说话声音发抖，脸红，没办法上台表演，老师就会评价他内向，其他同学就会嘲笑他，那么他就很容易在自己心里种下自卑的内向者的种子。

大多数父母希望孩子可以在人前背唐诗、唱歌跳舞，表演各种才艺。如果孩子连一句"谢谢"或一句"阿姨好"都说得像蚊子叫一样，父母就会觉得很丢面子。他们把这种感受扔给孩子，孩子就会产生同样的羞耻感。**内向本来不是什么问题，但如果没有人接纳你的内向，没有人理解你的内向，你一直活在内向被负面定义的环境里，你的内向就会变成你的负担，让你忽略自己的优秀，只看到自己的缺点。**

二

其实，每个人的人格特点都是非常复杂的，一个外向的人会有内向的部分，而一个内向的人也会有外向的部分。世界上并没有一个人是绝对内向或绝对外向的。美剧《生活大爆炸》里面的谢耳朵也许是一个患有阿斯佩格综合征的人，很多时候，他和大家格格不入，似乎找不到话题，不知道怎么切入。可他仍然是这部剧的中心，不管是剧里，还是剧外，都有很多人喜欢他。他会在一些事情上表现出很大的热情，比如当大家解决不了难题的时候，他勇于展现自己。

所以，我很想对那些觉得自己内向而备受困扰的人说，**也许你是因为内向而自卑，可重点不是内向，而是自卑**。内向不是贬义的，也不是你性格的全部。如果你抓着自己内向的特点，总觉得这是你的缺陷，这样反而会加剧你在人群中那种不正常、不自然的感觉。看见别人都是很坦然的，而自己的表情是扭曲的，面红耳赤，你会更没办法做到说话不结巴。在这样的状态下，你的自卑会加剧。

有一些心理学观点认为，外向开朗的人是在表达方面外向，他们之所以敢于表达，可能是因为他们的表达能力很强，但并不代表他们别的能力也很强，也不代表他们的人品就很好，或真的很热情。他们长大后可能会成为老师、演讲家、培训者或者商人。而那些偏内向的孩子虽然不善于讲话，但他们能静下来，安静的时间比别的孩子更长，他们可能擅长研究数学题、电路板等，未来可能会成为IT行业的工作人员或科学家、发明家，也可能会很有成就。科学家多数都是内向型的人，有人甚至因此得出结论说，"世界是被内向者统治的"。当然，我并不赞成这个说法，所谓内向和外向，只代表差异，不代表高低。

实际上，很多东西是可以被改变的，所谓的优势或者劣势，或许只是长期的自我暗示造成的。比如对语言能力的训练开发，你在语言方面很弱，大家也都觉得你弱，你也从未想过你行，于是你就更不敢讲话，语言表达能力就真的越来越弱。同样，如果过去你把自己定义为内向者，那么现在你可以告诉自己，这个定义是错的，你可以去改变这个定义。

我有一个朋友，十几年来一直跟我说她完全没有画画的天赋，因为她小时候有一次美术考试得了60分被批评过，从此她形成了一个固定的认知：我不会画画。多年以后，一个偶然的机会，她的孩子逼着她画一只独角兽，她勉为其难画了，画完后，家里人都说她画得真不错。于是她想，之前我对自己的认知是不是错了？所以，我们不要轻易给自己下内向的定义，即使下了这样的定义，也可以去调整它、改变它。

三

最后，跟受内向困扰的朋友们分享一个很重要的观点：不要因为自己内向，就觉得自己很难与人建立关系，交不到朋友，这样会越来越不敢去交朋友。实际上，人与人之间的感应不是通过大脑，而是通过心，用大脑去感觉对方的人不是没有，但大多数人是用心，也就是用潜意识投射。你内心是好的、善意的、真诚的，不需要语言，对方也能感知到。所以，即便你的语言表达能力没那么好，你仍然可以交到非常好的朋友。

　　比如，我接触到一些在普通学校上学的有轻微自闭症的孩子，他们得到的关注会比其他孩子更多。因为他们会用灿烂的笑容回报老师，用无声的方式表达对老师的感激和依恋，这反而会让他们和老师建立深刻的连接。

　　回忆一下自己的人生，即使你是一个内向的人，难道你的生活里就没有高质量的关系吗？也许你会觉得如果自己更外向一些，拥有的关系就会更多，其实未必。很多舌灿莲花的人看起来有很多朋友，也许回到家关上门，也是很不开心，内心深感孤单的，开朗可能只是他的面具。

　　总之，内向的人也可以很优秀，请自信地做一个内向者。

心理练习：
你是一个能接受批评的人吗？

面对别人的否定，我们不需要条件反射地认为：别人说我是错的，我就是错的；别人说我不行，我就真的不行。认不认同他人的否定，你应该有自己的判断和决定。

一

一个人能不能接受别人的否定，跟他内心的容忍度有关。如果容忍度很低，他心里想的是"我可以对你很好，但你不要否定我，我很讨厌被别人指教"，那他就很容易对别人的否定感到愤怒。

通常这种对被否定容忍度很低的人，在做事情时会很花力气，力求完美，因为他会有这样的念头：我做得越好，你就越不会否定我。所以，他用"把事情做得很好"这样的方法来防止别人对他的否定。

把事情尽可能做好，可以最大限度地带来好的结果，但也正因为这样，他会对否定特别敏感：我都做了那么多，你还要来否定我，真是气死我了……这样一想，反弹就会特别大，很容易愤怒。

还有一些对被否定容忍度很低的人，可能并不会反唇相讥，但很容易为了避免被否定而无限讨好别人，把自己搞得特别辛苦，特别委屈。

这两种倾向都不是我们想要的，要避免出现这两种倾向，我们就要多做一些拓宽内心容忍度的心理练习。大家可以按下面这几个步骤去练习。

二

第一步，面对否定，先想象心里有一个容器。什么叫hold住别人的否定呢？hold住就是接住，而不是控制别人不否定。过去我们把力量都放在阻止别人来否定我们上，这要花很多力气。从现在开始，我们要尝试将一些力量放在接住负面的东西上，想象我们心里有一个容器，可以装下这些负面的东西。

第二步，判断这个人的否定是对事还是对人。如果是对事，要告诉自己，他否定这件事，不等于否定我。他说这件事情还有可以完善的地方，不等于否定我在这件事情上所付出的努力，他只是觉得这件事情还可以更好。一旦有了这个区分，我们内心就不会泛起那么多情绪。

第三步，觉察自己的情绪。这个人否定我，为什么会让我这么难受，是不是他让我想起了过去我在否定中被伤害的情境？也许我们对否定的应激反应跟小时候不被允许出差错的情况是有关系的。如果父母有一个内心空间可以容纳我们小时候出的差错，那么这个内心空间是可以传承给我们的。

当你觉察到过去你的确在否定中受到过伤害，立刻告诉自己，现在这个否定我的人并不是我的父母，也不是曾经伤害过我的其他人，他否定我并不是要来伤害我。这样一想，你就可以稳住自己的情绪。

第四步，改变那种把别人的否定当作对自己的全盘否定的思维模式。把别人的一句不满、一个细微的意见当成对自己的全盘否定，这是很有害的自动化思维。这与过去的成长环境和创伤情境有关，是一种强迫性重复。只有学会觉察，你才能跳出这种强迫性重复的循环。你可以对着镜子或者在心里说这样一句话：我是一个有优点也有不足的整体，别人的否定不是针对我这个整体，而是针对我的不足。

你还可以在本子上画一个圆形代表你，想象别人的否定只是让这个圆形中的一块区域变黑，但还有一大块区域是白色的。当你不断这样练习的时候，你就把一个既有好也有不好的整合的状态全部放在了一个叫"自我"的圆形里。这样你就能做到渐渐接受别人的否定。如果别人批评你的时候，连你的人格一起否定了，那是他自身有局限性，你不需要接纳它。

第五步，避免极端思维。面对被否定，我们常常会有极端的反应：我要么是零分，要么是一百分，没有中间状态。你否定我，就等于说我完全不行。有这种偏执的、极端的思维的时候，是接不住别人的否定的。

现实生活中，有些婚姻就是被这种极端思维毁掉的。如果伴侣每次否定你，都是对你进行全盘否定，并因为一件事否定你的人格，那么你要尝试去理解他，可能他对自己也是这样，如果他做错了一件事情，也会否定整个自己。这是你们一起提升的一个机会。如果你能先平静下来，把这个否定接住，那你就可以尝试事后跟他沟通。比如，你可以告诉他，你觉得我哪一点做得不好，就批评哪一点，不要说我什么都不好。当你们习惯这样去沟通之后，你们的关系就会越来越好，冲突也就越来越少。

第六步，面对别人的否定，我们不需要条件反射地认为：别人说我是错的，我就是错的；别人说我不行，我就真的不行。认不认同他人的否定，你应该有自己的判断和决定。

最后，听到别人的否定，我们可以多想想他曾经对我们积极认可的地方。我们常常会因为这个人的否定，就忘了以前他对我们的肯定。因为这个人否定我这件事情，我就忘了他在许多事情上对我的肯定。盯住坏的部分，忘了好的部分，这是不合理的。这样一想，我们对否定的容忍度就又大大提升了。

第三章

接纳真实自我，调整内心期待

· · · · · · ·
· · · · · ·
· · · ·
·

　　人与人的关系不是一成不变的，我们给自己
的定位也不该是一成不变的。总把自己维持在一
个固定的位置上是很消耗心理能量的。

承认自己的脆弱，会让你更强大

一个人如果不能够面对失败，就会很幼稚地认为自己是足够优秀的。能够承认自己的脆弱，就有了一个看到自己弱点的契机，也就有了改善的可能。

一

《脆弱的力量》是美国社会工作研究教授布琳·布朗出版的一本书，有的朋友可能听过她在TED大会上做的演讲。

在演讲当中，她提到她自己关于脆弱的一个感觉，她说：我恨脆弱，因为脆弱会带给我一种耻辱感，我一定要击溃它。

她做了一项关于脆弱感的研究，想要弄清楚人类的脆弱感究竟是什么，它是如何运作的，以及怎样才能彻底瓦解脆弱引起的耻辱感。

对于这项研究，布琳·布朗曾经预计用一年时间完成，但最后用了六年。她收集了成千上万的故事，完成了成百上千个采访，大概理解了脆弱感的运作方式，写成了一本书，但最后她并没有真正战胜所谓的脆弱。在研究脆弱的过程中，她也遭遇了崩溃，因为她发现自己似乎没有办法搞定这项研究。

但我想，对布琳·布朗来说，正是这样的崩溃才让她真正意识到什么是脆弱，而我们与脆弱共处的最佳方法就是去承认它。

二

脆弱会带给我们强烈的耻辱感。为了回避这种耻辱感，我们会启动一种防御机制，幻想自己无所不能，幻想自己很完美——"我一定能搞定"。我们用这样的幻想来阻止或避免自己去面对可能到来的挫败与耻辱感。

我们要做的第一件事就是打破自己"无所不能"的幻想。就像电影《悟空传》中的孙悟空，他敌不过天兵天将，并不像我们小时候所幻想的那样无所不能。他虽然很厉害，但即便竭尽全力，也还是有做不到的事情，还是有保护不了的人。

孙悟空有一句台词深深触动了我，他说：我来过，我战斗过，我不在乎结局。面对我们可能无力改变的世界，我们需要有这样的态度：我们要的不是最终的结局。只有这样，我们才能不被结局所束缚。

我们可以问一问自己：我有没有努力？我有没有很享受这个付出的过程？我有没有投入地去活一次？就像我曾经在文章里写

过，**人生就像一个游乐场，每个人都得到了一张入场券，重要的是你要怎么去体验，怎么去玩，而不是你要玩成什么样。**

　　如果我们能这样想，我们就更能接纳自己的失败，面对自己的脆弱。因为脆弱永远是相对的，每个人都会遇到自己战胜不了的事情，都会遇到虽然努力了，但还是无能为力的局面。所以，相对更大的不可控的未知来说，我们可控的永远是局部。这是我们需要去学习面对的。

三

　　那么，为什么承认自己的脆弱能让我们更强大？

　　一个人如果不能够面对失败，就会很幼稚地认为自己是足够优秀的。我的努力是百分之百的，要怪就怪别人、怪社会、怪命运。如此一来，我们就会充满敌意，很难再拥有进步的机会，也不会让事情更进一步。

　　就算不去责怪外界，也会在一条追求完美的路上逼死自己。那是一个很耗能的心理过程。

　　能够承认自己的脆弱，就有了一个看到自己弱点的契机，也就有了改善的可能。当然，承认脆弱不容易，因为这会让我们有一种很强烈的耻辱感。

　　一个孩子小时候，当他觉得自己不够好的时候，如果父母能够帮他做一些消化处理，表扬他做事的过程，而不去评判事情的结果，那么这对他来说将会是一个非常好的开始。这就是我们常说的"幸运的人一生都在被童年治愈"，他从小就能够战胜耻辱感。这样的人往往就是"开挂"的人，他从童年开始就拥有了强大的内心。

但我们必须承认大多数人是另一种情况，需要用自己的一生来治愈不幸的童年。孩提时期遇到挫败，不但没有被父母呵护接纳，反而被他放大嘲讽，被他们更多地否定和不认同，那种耻辱感会深深地烙印在这些人心中。

更麻烦的是，父母因为自己的种种局限和自我匮乏，被生活洗礼之后，将自己那份无所不能的幻想投射给了孩子。

你常常会听到有些父母这样说，我这辈子因为一些遗憾，或者机遇的错失，我不能怎么样，我要去培养我的孩子，我觉得在我的培养下，他一定会非常优秀……在他们看来，如果给他们一根杠杆，他们就能够撬动地球，是人生的一些不可控因素让他们没能走向巅峰。

这样的父母养大的孩子无法从父母那里得到接纳，无法获得真实而有力量的心灵滋养。

只有接纳了自己的缺陷和弱点，承认自己能力上的局限，一个人才能真实，才能拥有心理学上非常可贵也非常成熟的一种整合能力，就是能够容忍不完美。

四

心理学研究发现，我们在与别人的关系中更能够接受挫败感。所以，我会鼓励大家去开放自己，去多建立一些关系。比如，当你感到挫败，情绪不稳的时候，你可以尝试去和你周围的人聊一聊。

我曾经遇到一个来访者，他有一段时间抑郁发作，心理状态很差，几乎到了崩溃的边缘。可是，他在和家人见面、和朋友见面的时候，仍然在为别人解决问题，因为这是他一直以来的人设。

我一直希望他能看到自己内在的脆弱，让他感到自己的脆弱是能够被接纳的。他慢慢开始和一些他信任的人谈自己受到的困扰，慢慢发现原来他是可以突破完美人设的，而且他并没有因此失去家人和朋友，他的家人和朋友的照顾反而让他适当地回到了被照顾的感觉里。

这就是关系的流动带给我们的心灵滋养。**人与人的关系不是一成不变的，我们给自己的定位也不该是一成不变的。总把自己维持在一个固定的位置上是很消耗心理能量的。**

据说有一种抑郁叫微笑抑郁，就是这个人他不但抑郁，还要勉为其难对外界微笑。这种伪装的微笑，伪装的"我很好"，会加重他的抑郁。

承认失败和面对脆弱是治愈的开始，是在终止心理能量的消耗，让你变得更真实。在与别人的关系中坦承自己，可以让你从一个照顾他人的完美者的神坛上走下来，坦然地去接受别人的照顾。来自关系中的正面滋养可以用来疗愈自己，让自己变得更勇敢。

为什么你总要跟别人比呢？

一个人常常去比较，意味着他需要参照别人，才能得出"我很好"这样一个论断。这说明他并没有稳定的自我内核，他很依赖外界的评判。

一

在生活中，我们常常无意识地陷入跟别人的比较。我曾经在一本书上看到过一个这样的观点：我们的幸福感其实来源于比较。心理学上也有这样的论断，当我们感觉到比别人优越，比别人有优势的时候，我们确实会感到幸福感增加。

但是，据我观察，其实有很多人是被比较所困扰的。如果我们的幸福感很多时候是来源于比较，那么万一比不上别人，我们的不幸福感就会相应地增加。比这更严重的是，我们可能还会陷入对自己的否定，在觉得自己很糟糕的泥沼里越陷越深。

　　有的人在比较中还会陷入一个完全停不下来的关于比较的死循环。

　　我的一些来访者似乎就有这样的情形，他们很爱比较，但问题是，他们总是拿自己的弱点和别人的强项比。当他们发现一些事情自己没有做到，而别人已经做到了，他们就会忽视自己其他的成就和优点，然后死死盯着自己那个不如别人的地方，内心被全然否定的声音占据。这样的比较是相当消耗心理能量的。

　　比如，有的人在大学里会跟同宿舍的人比较，谁的家庭条件更好，谁的零用钱更多，谁考的证更多，谁接到的offer（录取通知）更好，等等。毕业工作之后，有的人会和办公室里的人比较，今天谁穿了什么，明天谁要去哪里吃饭，假日谁去哪里玩了，等等。发朋友圈动态也要跟人比，度假的时候别人带孩子去哪里了，我带孩子去哪里了，我去的地方够不够高级。

　　我想，这也告诉我们，**一个人不可能在所有比较中都胜出，这是不可能的。如果处处去比较，只会让自己更多地体验到挫败感，体验到"我很糟"的感觉。**所以，我们要有意识地去觉察我们内在有没有这样一种微妙的比较模式在运作，在影响我们的幸福感。

　　一个人常常去比较，意味着他需要参照别人，才能得出"我很好"这样一个论断。这说明他并没有稳定的自我内核，他很依赖外界的评判。只有当别人都对他投以肯定的评判时，他才会觉得自己是好的。

　　我们小时候读书，本来一个孩子觉得自己考80分挺好的，可是老师一公布排名，他一看，80分是倒数第二名，他马上就有挫败感了。

如果别人带有评判性地去看你，或者用某个评分体系或标准来评判你，那么你在这个比较中很可能就会体验到挫败感。可能对方的评判体系并不适用于你，或者这个评判体系的平均标准定得非常高。同样，如果我们心里也有一个对自己的评判体系，而这个评判体系非常严苛，标准定得很高，我们也会感觉自己很糟糕。

当我们看到打分的评判模式的时候，我们就会想到，童年时我们就是这样被捆绑的，我们在分数中被定义、被评判、被贴标签，而父母也认同这个由分数和排名构成的定义，所以这个定义就内化在我们心里，这个模式也变成了我们内心的公式。判断自己好不好是需要有一个评分体系的，需要有一个外在排名，这就奠定了那个影响我们幸福感的比较模式的内心基础。即便现在父母不在身边，老师也退休了，没有人再给我们排名，这个内在声音还是非常清晰，所以我们还是会不断去比较。

如果你以前就是一个被大家认为比较差的孩子，可能你内心已经形成了一个低价值感的状态，那么不断去跟外界比较，拿自己的弱点跟别人的强项比，盯着自己的缺陷，其实就是一种强迫性重复，强迫自己去重复体验那种低价值感。

二

关于比较，一定是你在和一个比较对象或者什么标准比，才会有比较模式。我们在比较的时候，要觉察一下我们究竟是在拿什么和什么比。我有一个朋友，他总跟我说他觉得自己很糟，但我所看到的他似乎是一个各方面都很不错的人。比如，他在一线城市有一套价值上千万的住房，还有一份月入几万的工作。可他总是能在生活中找到一些别的对象，让他觉得自己不如别人。

比如，他说自己婚姻不够幸福，因为他跟一些婚姻很美满的人去比；他身体上有慢性疾病，不能很快治愈，于是他又感到不快乐，因为他把自己跟那些年龄相仿，身体看起来非常强壮的朋友去比，他说别人的生活状态比他好太多了。他从来不去关注他已经拥有的东西，比如价值很高的房子，比如他在生活中的关系，比如别人对他的信任和认同，还有他的社会地位。

这就好像一杯水，他永远盯着未满的那小半杯，而对已有的大半杯视而不见。这其实是我们很多人都会有的一种心态，也是一个心理陷阱，我们总是拿自己没有的去和别人有的比，拿自己做得不好的和别人做得好的比，这不就跌入了追求完美的陷阱吗？

三

那么，如何跳出比较的痛苦呢？曾经有一些心理学老师提出这样的方法，说我们应该和自己比，而不是和别人比，这样我们就不会在比较中感到自卑。但我觉得这个方法不一定全对，因为很多时候，我们正是在和自己比，结果把自己搞得很痛苦。比如，我们谈到超越自我，假如过去十年你已经做得很好了，这两年你可能没有什么进步，也许还有一些下滑，这一比较，你就接受不了了。

人生怎么可能是一条永远向上的直线呢？人从青年到中年，到中老年，再到老年，很多功能其实是逐渐衰落的。我们能够去面对这种衰落，承受住身体各项指标甚至包括智力的下滑，我们能够平静地看待这样的改变，这就是我们的强大之处。面对现实和心理健康，我们不可能总是要求自己比过去更强，也许30岁的你比20岁的你更强，但50岁的你未见得比40岁的你更强。如此看来，跟自己比，也可能会产生自我否定和攻击。

所以，有时候，我们需要对自己宽容一些，问一下自己：我是不是一定要像一台上足了发条的机器一样，每年都要比上一年更好，更进一步？我觉得这本身就是一个很偏执的想法，我们在人生中怎么可能永远都在超越自我呢？如果我们永远要超越昨天的自己，要飞得更高更远，就像电影《阿飞正传》里面说的无脚鸟一样，一直飞，不可以停，一落地就会死掉，那我们会累死的。

所以我想，现代人产生心理问题和情绪问题，并不是因为不够上进。恰恰相反，很多时候，我们需要允许自己保持一种放松的姿态，不要一直紧绷，用这种方式为我们的心理蓄能，保持心理健康。

四

现在有一个大家很推崇的观念，那就是活在当下。活在当下就是对不断超越的最大否定。不断超越指的是未来，是明天，而活在当下就是接纳当下，不去想明天我要做得更好。这样，我们才能停下来体验此刻的满足和幸福。如果总是要做得比过去更好，我们就永远在奔跑，根本不可能停下来环顾四周，看一看我们所拥有的一切。

活在当下其实也是一条通往成功的道路。脚踏实地，在当下去汲取力量。如果一个人连当下都没有，又要从哪里去寻找支持自己的力量呢？如果你只能从自我否定的鞭策里去取得成功，那么这个成功可能也不那么牢固，不那么强大。

我常常跟我的来访者举姜太公钓鱼的例子。我们都知道姜太公很有才，很优秀，但是他并没有不断地去超越，他并没有认为：我如此有才华，我一定要被国君赏识。他并没有非常焦灼，而是悠然地坐在那里钓鱼，接纳自己与天地万物相融合的状态。我想，这恰恰就是我们中国文化里推崇的天人合一之境，这是一种心境，也是一种修为。我觉得它和心理学在某种程度上是相通的。所以，如果你一定要比较的话，可以尝试在这条路上走一走，看一看。

你总觉得自己很糟糕吗？

我们要防止一种心理陷阱，就是总盯着自己不好的地方，把所谓的缺点不断放大。其实，缺点有多少，优点就有多少，事物是一体两面的。

一

曾经我的一位编辑朋友向历史小说《白门柳》的作者、茅盾文学奖获得者刘斯奋先生请教：为什么你们一家人几乎都是通才，诗文书画无一不精，而且好像都是无师自通，有什么家庭教育的秘诀？刘斯奋说，家庭教育没什么好讲，你只要让孩子自信就可以，没什么别的，就是自信。

自信的人任何时候都敢于学习新东西，相信自己能做好，也就容易学好，容易做好了。

很多人以为自信和优秀之间的因果关系是：因为我优秀，所以我才自信。其实他们搞反了，真相往往是：因为你自信，所以你才有可能变得优秀。

刘斯奋老先生说家庭教育没什么好讲，只要让孩子自信就可以了，这恰恰是最难的地方。孩子是不是自信，和原生家庭的接纳度有关，如果父母都不自信，便很难培养出自信的孩子。

我们所有人赤条条来到这个世界上，本来什么都不是，是在亲子关系里，在对世界的探索中，慢慢构建对自我的认知。如果父母觉得我很好，很接纳我，即便我不比别人优秀，他们也觉得我很特别，很可爱，能包容我的缺点，那我就自信了。

二

有很多人特别怕在公开场合发言，发言的时候会脸红，会担心别人心里想怎么发个言都脸红，并因此而觉得羞耻。他们很担心自己的自卑表现会让人觉得他们在群体中是异类，所以就更紧张，大汗淋漓。

其实大部分人在人前发言都会紧张，并不是只有你会紧张。我虽然是做心理咨询的，但每次在开始的几分钟里，我也会紧张，我也会在意别人的看法。这种紧张是正常的。我们要去接纳自己的不自信，这恰恰是一种自信的表现。

我们在成年之后，离开了原生家庭，接纳自己的真实，才会让自己离自信更近。

自卑也好，在有些事情上有障碍也好，我们都要去接纳。渐渐地，我们对自己的内在批判就会变少。这是在给自己一个正向的认可：我没有我所想的那么糟。不断去累积这样的想法，你的自信度就提高了。

三

我们要防止一种心理陷阱，就是总盯着自己不好的地方，把所谓的缺点不断放大。

请你想象，你面前有个天平，一边装着缺点，一边装着优点，到底哪边会更高呢？其实，缺点有多少，优点就有多少，事物是一体两面的，一个人的缺点从另一个角度看，往往就是他的优点。

所以，请提醒自己，你不是没有优点的人，没必要总盯着自己的缺点。

我曾经写过一篇文章专门讲表扬，就是我们要不遗余力地肯定和表扬自己。很多父母教育孩子是很吝啬表扬孩子的，担心一表扬，孩子就骄傲了；一骄傲，就容易导致失败。其实这是一个不合理的理念，有多少人验证过这个担心的正确性呢？

罗森塔尔效应讲的是有个心理学研究小组做了一个实验，在一年级到六年级的学生中随机选择了一些孩子，把名单告诉了老师，说这些孩子特别有发展潜力。后来这些普通的孩子果然比其他没有被暗示过的孩子表现得更优秀，原因就是老师会因此鼓励和欣赏这些孩子。

所以，积极的自我认知会带来积极的效果，心理暗示的作用很大。

四

有些人会在行为层面积极地提升自信，比如对着镜子讲"我很棒"之类的话。不过，我更建议大家先拥抱内在的不自信，如果我们不去接纳自己的自卑，就无法真正去超越。

真正的治愈一定不是意识上的，而是潜意识的。行为层面改变的往往是意识，意识容易掌控，但潜意识不容易改变，而真正掌控人生的是潜意识。

有本书叫作《象与骑象人》，讲的是被骑在下面的大象是潜意识，坐在上面的骑象人是意识，所以不管我们在意识上怎么对自己宣称"我很棒"，如果我们没有消除内在的自卑，那我们所有的自信都是伪装的，都是虚假的。我们跟自己装没有意义，你每天对着镜子讲十遍"我很棒"，也并不能真的提升你的自信。所以，改变要从搞清楚自卑在哪里开始，才能扫清拦在自信路上的一个个障碍。

就像前面讲的，因为发言脸红而自卑，如果你明白大部分人发言都跟你一样会紧张，你的自卑就能消除一大半。

所以，我们要更多地理解自己，把那些自己觉得很糟的地方列出来重新审定，看看这个所谓的"糟糕"究竟是你自己定义的，还是你的父母因为对你期待过高而定义的，还是你不由自主也给了自己很高的期待？把这些期待调低，你的自信自然会提升。

五

最后，我想补充讲一下王菊的故事。

有个很火的综艺节目叫《创造101》，是一个女团成员出道选拔节目，王菊就是通过这个节目被大众熟知的。王菊的样貌完全不符合人们对女团成员的审美，她长得黑，又偏胖，名字也不够洋气。可以说，在女团里，她的外形条件是没有什么优势的。一开始，观众给了她一万点暴击，不断地质疑和否定她。但最后，她成功逆袭，成为自我接纳和自信的标杆。

她在节目中说：我觉得我是一个比较特别的存在，我是大家认为最不像女团的练习生，我并不觉得我是完全没有实力的人，可是为什么一些实力不如我，但是长得好看的女生，光凭好看就可以被观众喜爱呢？

她还说：有人说我这样的人不适合做女团，可是做女团的标准是什么？在我这里，标准和包袱都已经被我吃掉了，你们手里握着的是重新定义中国第一女团的权利。

在这里，你会看到，王菊认为自己很特别。这就是一种自我价值感高的表现：我不因为优秀而自信，我因为自信而觉得自己优秀。我相信我是一个特别的存在。

王菊说为什么一些实力不如她，但长得好看的女生反而受观众喜爱呢？这说明她敢于质疑别人的标准。她去参加比赛，这个比赛肯定是有标准的，有评委，有观众。他们手上都拿着刀和剑，这些刀和剑刺向她，可是她强大的自信和自我接纳能力让她重新定义了标准，然后在她的标准里，她认为自己是很不错的。

所以，我们不要被对自己的设定限制了对自己的想象，很多时候，我们对自己的设定是偏颇的。**我们只有敢于重新建立一个标准，重新评估自己，才能真正做到自信。**

拖延症真相：
内心住着一个没玩够的小孩

　　每个有拖延症的人都是一个童年没有玩够的孩子，很多时候，他需要有一个空间，让他可以停留在那里好好玩。玩够了，才能去做他应该做的事情。

　　很多人都会因为有拖延症而自责，觉得自己是无法管理自己人生的失败者。时下很流行谈"时间管理"，那么，究竟应该如何克服拖延症呢？

一

　　从心理学的角度来说，只有搞清楚为什么会拖延，内在有怎样的动力让人一直去拖延，才能真正克服拖延。

　　如果我们只是用一些方法论逼着自己去改变拖延的习惯，如果我们的意识不能有效地跟我们潜意识里那个"一定要拖延"的深层欲望相抗衡，我们就很难克服拖延。

　　每个有拖延症的人都是一个童年没有玩够的孩子，很多时候，他需要有一个空间，让他可以停留在那里好好玩。玩够了，才能去做他应该做的事情。

　　下面我讲一个来访者的故事来说明这一点。

　　我的一个来访者有严重的拖延症。工作上有些事要做，他能拖半年，以至于到了最后，公司给他下了通牒：你再不去做，你发展的客户就划给别的同事。这时，他才会去做。与此同时，在这拖着不去做的半年时间里，他也一直活在对自己的指责里。

　　这是很典型的拖延症：一边拖延不做，一边责怪自己。

　　后来我在咨询里慢慢发现，这种拖延与他童年时被管教的经历有关。小时候，他总是被爸爸死死盯着，一件事情干完了，马上有另一件事情等着他。作业写完了，抓紧读书；书读完了，抓紧锻炼。根本就没有停下来的时间。

　　这种被必须要做的一件件事情包围的感觉，在他看来就像溺水的感觉。所以，他会有将头探出"水面"去呼吸的强烈渴望，同时对再度被"水"包围也会有强烈的恐惧。

　　仿佛内心有一个声音对他说："不要去做，只要不开始，你就不会有那种被一件件事情包围，做到停不下来，似乎溺在水中将要窒息的可怕感觉。"

　　于是，他就发展出了"拖延"这种保护自己的模式。

　　但是，父亲当年不断催促和指责的声音也会一直回响在他心里，内化成一个自责的声音。这种内心的痛苦冲突几乎是所有有拖延症的人都会有的。

所以，每个拖延的人内心都有一个从未放松去玩耍的小孩。因为小时候从未好好去放松玩耍，所以现在有种强烈的动力要去做个孩子。

因为小时候是个被目标管理得很厉害的"小大人"，所以现在要倒过来，重新做个孩子。

意识到这一点，我们才可以去采取一些办法来改变。比如，在不那么忙碌的时候，有意识地给自己一些时间和空间，去活得像个孩子。然后在忙碌的时候，告诉自己：你已经玩够啦，该像大人一样工作了！做完这些事情，就又可以回到无比轻松的状态了。

二

关于拖延，还有一种心理动力，就是如果我把这件事情做完了，却不能够得到你的肯定和奖赏，那我为什么要去做这件事情？

或者说，如果我把这件事情做完了，很可能会招来你的否定，那我为什么要这么快做完？**不做就意味着不会被评判，拖延的第二个动力就产生了。**

我身边有很多这样的朋友，他们之所以不去尝试启动一个新的任务，就是因为不能面对随之而来的评判。比如，我去喜马拉雅开课之前，如果我担心有人不喜欢我的课程，或者可能有人会说"你讲得很垃圾，对我一点用都没有"，那我可能就不想开课了。

所以，**要克服这种拖延，就要告诉自己：我不会在意这些评判，任何人做任何事情都可能被评判，何必在乎呢？**

三

前面讲了两种拖延的原因和应对方法，不过，说起来容易做起来难。

就拿第一点来说，给自己足够的玩的时间，要玩就去好好玩。这对很多人来说都很难做到，因为拖延的人尽管在截止日期前没去做自己要做的事情，但心里其实会一直想着这件事情，没有办法真正放下。

拖着一件件事情不去做，也等于在意识里一直打开着它们，焦虑一直在那里，压力也一直在那里。这就会搞得你玩又没有玩好，等到了截止日期，还得手忙脚乱地去做事情，做也没有做好。

那怎么办呢？有个折中的建议是：不要试图马上把自己变成一个不拖延的人。因为这对你来说很困难，你很可能做不到，内心继而产生很强烈的无力感。

所以，我的建议就是，你另外给自己定一个截止日期。比如，你的论文是三个月后要交的，按以往的习惯，你可能会拖到最后十天才开始写，那你就在脑海里清晰地告诉自己：前两个月我绝对不去做这件事情，也不去想这个问题，我就是要用最后十天时间去做。你自己在心里画一个时间表，在日期上用大红线标明，我最后十天才写论文，前面两个月去玩，而且要玩够。

用这种方式，你可以调低焦虑，减少拖延的动力。事实上，你可能会发现，没等玩到两个月，你就会觉得玩够了，差不多了，可以提前一点去写论文了。

你本来觉得自己是一个拖延的人，既焦虑又自责，内心全都是负面情绪，现在变成了你提前几天去做事情，这样就有了一个正向激励和表彰自己的机会，这是非常好的体验。实际上，从这一刻开始，你就和总是拖延的、旧的自我有一点点不同了。有了这个不同，你的改变就真正开始了。

别被曾经期待的高光时刻捆绑

我们从小或许就希望拥有属于自己的高光时刻，不管是成为科学家、建筑师，还是拥有完美的家庭、完美的婚礼，这种期待是给我们带来压力的根源之一。

一

现在很多人都觉得生活压力特别大，大到让人喘不过气来。压力看上去好像是外界给我们的，但其实主要是我们在心里给了自己一些指标。

那么，我们为什么会给自己这些指标呢？

我曾经写过一篇文章，叫《其实你这辈子的功课，就是活成一个普通人》，里面讲到，我们从小或许就希望拥有属于自己的高光时刻，不管是成为科学家、建筑师，还是拥有完美的家庭、完美的婚礼，这种期待是给我们带来压力的根源之一。

很多读者表示认同。有读者说，他小时候就觉得自己是一个不同凡响的人，认为自己能考上清华北大，或者能做出一番惊天动地的事业，后来才明白这是多么不切实际。

还有一位读者说，虽然我在文章里写了人生不需要那么多高光时刻，就算曾经有过高光时刻，最后也归于平凡，但是他发现自己仍然对这种高光时刻有一定的向往。

我的来访者也曾经说，如果人生没有高光时刻，他会觉得很难接受。

或许这就是大多数人所受的困扰，我们从小就不知不觉地活在对自己的期待里，不舍得从这个期待里走出来，而且从来没有好好审视过这个期待。

二

如果我们认真去审视这个期待，就会发现，它可能是属于过去的一种幻想。我们之所以一直被这个期待捆绑，是因为我们有一种婴儿般的思维。

婴儿常常有一种自己"无所不能"的幻想。比如，他还没哭，就有人来喂他；他冷的时候，就有人给他盖被子。这会让婴儿产生一种"我是全能的，我一动念，就会有人来满足我"的感觉。婴儿刚来到世界上，这个世界对他来说陌生又危险，这种幻想是一种防御手段，让婴儿能够应对从母亲安全的子宫来到现实世界的慌张感。

后来，我们虽然长大了，但还是会不自觉地像婴儿一样思考，因为这会给我们带来一种掌控感，幻想自己很全能，就可以不那么害怕世界的未知。甚至说得深远一点，能够去防御死亡的焦虑，逃避一个终将化为虚无的结局。

但是，从心理学人格发展的角度来讲，终有一天，这个幻想要落地，和现实相结合。我们要明白，幻想是幻想，可以对未来抱有期待，但不能沉迷于期待，学会接受一个达不到预期的普通的自己，我们的人格才完整。

三

我们从小面对挫败的时候，父母可能会鼓励我们说，没关系，你爬起来，重新来过。但实际上，我们重新冲击那个目标，是不辜负自己，是享受努力的过程本身，并没有任何人能承诺我们：你朝着目标努力，就一定会达成目标。

我有一个读者，他小时候学业优秀，家里人都觉得他以后要上清华北大。但是高三的时候，他状态下滑，出现了很焦虑的状况，最终高考失利。从此，他对自己充满强烈的自责，这个自责变成了他现在生活中的压力。其实后来他读了还不错的大学，现在也有很不错的工作，可是他整个人似乎都停留在高考失利那时候，无法迈过去。

如果他用心去觉察，就会发现，那个致使他不放过自己的原因是他和他的父母给了他一个不合理的期待。

一个人在童年或者青少年时期学习很优异，并不意味着他一定能上清华北大。每个人都是不同的个体，在面对考试的时候，心理素质也非常重要。很多人在高考的时候，心理素质没有那么强，顶不住这个人生中较大的考验，就没有办法发挥真实的水平。

一个人在某一方面有优势，不代表在每个方面都有优势。我们年少的时候，无法预知成长之路的复杂，我们对自己的评估是不够全面和客观的。所以，为什么要让自己被一个不那么全面客观的期待所捆绑呢？

四

我不是要否定青春期自我激励的重要性，青春期是我们建立自我身份认同的重要时期，我们每天都想搞清楚自己是谁，立下志向，不断激励自己。这对每个人来说都意义非凡。

但是，随着时间的推移，当我们长大了，再去回望自己的时候，就要学会去和一直以来我们对自己的不合理期待相抗衡，而且要学会把父母对我们的不切实际的期待也放下。

只有放下，身上的压力才会减轻，才能够接地气地去面对生活的真实，才能够重新定义自己是谁。

从心理学人格发展的角度来讲，我们有两个寻找自己身份的时期：一个是青春期，一个是中年期。

青春期有青春期的危机，我们迷茫，四处碰壁，当现实中没那么有能力的自己和理想中的自己发生冲突的时候，我们会产生压力和情绪问题。如果这些问题在青春期的时候没有解决，在中年期就会再次出现。

不过，再次面对问题，我们有了再一次解决它们的机会。我们可以重新理性地审视自己的期待，认识自己的局限，对自己有一个正确的评估，重新定义自己是谁，从而变得脚踏实地。

很多人在中年时期遭遇各种挫败之后，都会再次问"我是谁"这样一个很有哲学性的问题，而且陷入痛苦迷茫或深深的思索中，可能会怀疑自己的价值，甚至生存的意义。

我们需要在心里创造出一个客体，它像一个容器一样，能让我们接住平凡而普通的自己。不管你现在在做什么，面临什么困扰，请在心里尝试做这样的练习，慢慢创造这个容器。我们不断这样做，就是不断在给自己减压，减压不是为了放弃目标，而是为了轻松前行。

低价值感的人生，
你过够了吗？

一个缺爱的低价值感的人往往格外容易受伤，因为他会将别人不经意的行为解读为"这个人不重视我"。这是很奇怪的归因。

一

我们常常被负面情绪困扰，其实很多负面情绪产生的根源都是同一种自我认知，那就是低价值感。

无论你看起来多么自信，如果你内心一直有着低价值感这种挥之不去的自我感觉，那么很多时候，你都会像瞬间被打回原形的灰姑娘。

他人一个不在乎的眼神、一个不及时的回应，哪怕是一句无心的话，都会让你的情绪落到谷底，更不用说当你面对那些与期待不符，即使努力也无法改变的结局的时候了。

你经常会觉得：我就是很糟，糟透了。

相比糟糕的事情本身，这种糟糕的自我感觉才是真正打垮你的东西。

二

低价值感除了会让人感觉糟糕，经常处于负面情绪当中，还会带来另一个很大的问题，就是让人不敢提要求。

因为你觉得自己是糟糕的，不配提要求，提要求会让自己有一种强烈的羞耻感。所以，在职场上，你往往会受到一些不好的对待，失去好的机会；在关系中，你可能会选择一个各方面远不如自己的人。也就是说，低价值感导致一个人不敢去追求生活中那些真正好的东西，不管是好的生活环境，还是好的伴侣，因为他觉得自己不配。

我有一个朋友，她在一段像恋爱又不像恋爱的关系里待了很长时间。对方比较暧昧，双方一直没有挑明关系，就一直处在发微信，或者偶尔见面吃顿饭的状态。

我朋友是倾心于对方的，所以很受困扰，问我说：如果换成你，你会怎么做？

我问她，你觉得你们彼此是有感觉的吗？她说是。可是在一年多的相处中，他们的关系没有任何进展，而她又因为倾心于这个人，没有办法再去接纳新的人，开始新的关系。

我跟她说，你可以先向对方明确表达你的想法，以及你想让你们的关系怎样发展。

　　她说她表达过，但总是用开玩笑的方式去讲。我说，当你表达你想他，或者"我们是不是可以在一起"这样的话时，你心里是不是会有羞耻感？她说是的。或许，对方也是一个这样的人，所以他们的关系就卡在这里了。

三

　　低价值感带给我们这么多情绪困扰，影响了我们的生活。那么，低价值感是怎么形成的呢？

　　通常低价值感的形成和家庭条件的贫穷或者父母内心的匮乏有关。父母给不出更多的爱，孩子就觉得自己不重要，觉得自己价值低。

　　在中国，低价值感的女人比男人多。这是因为在中国的传统文化里，人们对女性的重视一直少于男性。同时，低价值感的妈妈也容易养育出低价值感的子女。

　　在多子女家庭中，孩子得到的注意力和资源常常是不均衡的，那些被忽视或不公平对待的孩子也很容易产生低价值感。

　　就像孔子说的，不患寡而患不均，不患贫而患不安。

　　有的家庭只有一个孩子，但如果父母终日争吵，根本顾及不到孩子，或者父母在外地工作，孩子被放在亲戚家，经历巨大的孤独感，那么孩子也会产生低价值感。

四

那么，如何改变低价值感的状态呢？我们可能要在"改变"这个词上做一点文章。当一个人提出这样的问题时，我解读到的是，他也讨厌和嫌弃这个低价值感的自己。

其实，学习心理学不是为了把自己变得更好，而是为了和不够好的自己相处，接纳不够好的自己。如果我们不能接纳当下的自己，就会否定自己、责怪自己、攻击自己，这是我们的情绪、压力的一个来源。

我们觉得"低价值感"这个词是一个负面的词，就像"内向""自卑"一样，而我们看到负面的词就想跑开，这是我们的第一反应。我们需要有心理能量，才能做出一些改变，而这个能量来源于正向体验，接纳就是一种非常正向的体验。

比如，现在我们是低价值感的，那我们接纳自己低价值感的时候，就能够获得一些能量。"我是低价值感的，但是没有关系"，这跟脑子里不断想着"我是低价值感的，是很糟糕的，我要马上改变"是两种态度，前者可以让我们缓解压力，积蓄能量，拥抱自己；而后者可能会让我们像陀螺一样，不断地去和自己对抗。

我有一个来访者，他想要成为更好的自己，想要摆脱低价值感，摆脱原生家庭对他的捆绑。所以，他给自己订了个计划：每天回到家，必须要拿出一个小时完成镜子练习。后来，他因为孩子面临中考，加之工作忙碌，经常完不成这个练习，这令他很受困扰，他觉得自己连这样一件事都做不好。

我对他说，如果你很累，就不要练了。镜子练习是为了帮你完成对自己的接纳，那么，你能不能接纳一个做不到的自己？如果做不到，那你做再多镜子练习也没用。

五

除了接纳和抱持自己的低价值感，还有一些方法可以改善低价值感的状态。

第一个方法是，**你内心会响起肯定自己的声音吗？如果有，要相信它。**

自我是有多个面向的，即使我们形成了一个低价值感的自我，在自我的其中一个面向里，我们是卑微的，也不代表我们的自我里就没有感觉良好、高自尊的部分。

所以，我们要主动去找到那个肯定自己，觉得自己不错的声音，然后把它放大。

第二个方法是，**为自己争取更多的公平。**

小时候，你没有能力为自己说话，你说出的话也没有人支持，但现在你是一个大人了。被不公平对待的时刻，就是你最佳的成长时刻，你可以理直气壮地去为自己争取，这是理所应当的事情。

第三个方法是，**不再提着灯笼找自己不够好的证据。**

很多低价值感的人过于敏感，他们不是提着灯笼找"我值得被爱"的证据,而是找"我不值得被爱"的证据。

一个缺爱的低价值感的人往往格外容易受伤,因为他会将别人不经意的行为解读为"这个人不重视我"。这是很奇怪的归因。一个人先有了"我很糟糕"的低价值感的结论,然后再用放大镜去找证据,是一定会找到的。

最后,我想将鲁米说的几句话分享给大家:

伤口是光进入你内心的地方。

你正在寻找的东西也在寻找你。

你的任务不是去寻找爱,而只是寻找并发现你已在内心构筑起来的一切反抗它的障碍。

每天都很累，永远在努力

生活中有很多事情是我们控制不了的，如果把它们都放在"我一定要解决的问题"列表里，就等于试图去控制别人，你的情绪和状态就会被这个控制欲反控制。

一

我们每个人在内心都或多或少会给自己压力，用"KPI"（关键绩效指标）这个概念来形容，我觉得挺合适。

我有一个朋友，他说他在生活中一直都是一个问题解决者，每天一睁开眼就要去解决问题，好像脑子里有一个表格，要把所有的问题都解决掉，把所有的钩都打上，他这一天才能安然入睡。如果有悬而未决的问题，睡觉之前，这些事情就像走马灯一样在他脑子里一遍遍浮现，让他想上几个小时都无法入睡。

你会注意到一个词：解决问题。被自己内心的KPI搞得很累的人，他的问题就是永远要去解决问题。如果他能够接受那个列表中有一些问题是无法打钩的，那他就能够缓解这种内心的KPI对自己造成的压力。

有的朋友看到这里，可能会说：道理我懂，但是我做不到，我就是觉得这件事情不能拖到明天，我今天必须把它解决掉。

我很理解这种感受，但是，如果不肯放松这种执念，焦虑就永远不可能得到缓解，因为不管你解决了多少问题，都不断会有新的问题冒出来。更何况，很多事情都涉及他人，涉及你我无法控制的部分。

二

生活中有很多我们可以控制的事情，比如今晚吃什么，去菜市场买什么菜，这是我们自己可以决定的，在我们的控制范围之内。

生活中还有很多事情是我们控制不了的，如果把它们都放在"我一定要解决的问题"列表里，就等于试图去控制别人，你的情绪和状态就会被这个控制欲反控制。

所以，我们需要去明确我们和他人之间的界限，我们越能够意识到我们和他人之间的界限，就越可以将这个KPI控制在可控的范围内。

具体怎么做呢？你可以写下你对自己的KPI的设定，找出哪些是你自己可以决定的，哪些是需要他人的配合才可以解决的。

　　假设你在KPI里写道，我一定要在30岁或者35岁的时候结婚生子，这就不是你自己可以决定的。但是，我相信有很多人会把这一项放在自己的KPI里，可能这是你给自己定的一个目标，也可能这是父母或者外界给你的压力。

　　还有朋友会要求自己一定要在今年获得升职加薪。完成这项KPI，你要考虑到很多因素，比如他人是不是比你更努力，比如公司或整个行业的突发情况，这些是我们控制不了的。

　　我们该怎样理性地面对压力？首先要努力做到最好，但也要告诉自己，实现目标不是只要努力就可以的，还有很多不可控因素是我们不能决定的。

　　所以，我们要有一个自我检视的习惯，看看是不是需要调整一下自己的KPI。如果达不到期待，我们可以调整期待，询问自己：我对自己的期待是不是过高？我是不是对别人有一些不合理的想象？我是不是背负了别人对我的不合理期待？

　　把自己的KPI拆解一下，看看哪些项目是密切涉及他人的，我们要把哪些项目从KPI中去掉，因为不可控因素很多，这不是我们自己能够操控的部分。

三

　　关于KPI指标的高低，我们也有必要讨论一下。没错，我们确实需要给自己设定KPI指标，每个人都需要从解决问题中获得成就感，我们需要这种控制感。这种控制感能够让我们在当下获得更多的安全感。

但是，如果想要通过KPI的不断完成来正向累积我们渴望获得的掌控感，就要把目标更大范围地限定在我们能达到的程度上。你可以设定一些要跳起来才能够到的目标，但不能太多。我曾经和朋友讨论，如果要跳起来才能够到一个目标，你会不会去跳？他的答案是一定会，但我的答案是未必。因为跳起来是很耗能的，如果没有梯子，下面也没有防护，你跳上去掉下来，会不会摔到自己？如果你不停地要保持往上跳的状态，你可能就会抑郁，因为你的心理能量会被耗尽。

所以，当你在自己可控的部分设定KPI的时候，要设计一下KPI的等级。比如，高级的目标是那些你跳起来才能够到的，中级的目标是你伸手能够到的，初级的目标是你完全可以轻松够到的。我们去设定KPI，高级的目标可以有，但不要搞那么多。

我观察到很多事业成功的高焦虑的人，他们内心的KPI全都是跳起来才能够到的高级目标，所以他们出现了睡眠障碍，身体也处于亚健康状态。

四

我不是说工作和生活永远都要轻松容易，而是要有停下来的状态，去享受当下。

有的人休息了两三天就心里发毛，特别不安。这可能是因为原生家庭的影响，这个不安源于父母督促的声音，它变成了我们内心的声音，会有预警的作用——我不能再这样躺下去。

因为在我们小时候，父母没办法接受我们悠闲地看一个小时电视，担心我们会荒废时间，总是给我们制造紧张感，比如这次你语文考了100分，那你的数学呢？你的英语呢？你觉得自己很厉害吗？父母会找一些更难的题来让我们继续突破，仿佛我们的努力永远没有尽头。

这样的养育模式让我们不自觉地陷入一种完成了一项KPI，马上去完成下一项更难的KPI的模式中，永远都没有办法待在一个轻松容易的状态里。

从这种原生家庭中走出来的人，之所以一直放不下自己的KPI，是因为他一直以一个问题解决者的身份在生活，需要通过解决问题给自己带来"我很有用"的感觉，并且陷入循环里，被KPI压得很厉害，又丢不开KPI，因为丢开了KPI，就会体验到无用感，产生焦虑感。

所以，在最后，我建议大家做一个内心探索：我们是不是一定要有用才可以存在，我们可不可以做一个无用的人？如果做一个所谓的"无用"的人，我们也能感觉到自己存在的意义，那我们可能就不会把自己搞得那么累。

总是害怕面对上司？
学会处理与权威的关系

很多时候，我们和权威的关系的原型就是我们和父母的关系。如果父母是比较强势的人，你就会听不到自己内心的声音，他们好像一座山一样，俯瞰着你，而你是很卑微地匍匐在地上的。在这种关系中，我们是很难和对方保持平等的。

一

我们在职场中面对权威时，可能会受到一些心理困扰。当上司讲一些指令性的话时，比如"我希望你今天按我的要求做这件事情"，或者"你这个PPT做得不好，必须改"，我们的情绪反应会很大，甚至会有一种很强烈的被羞辱的感觉，仿佛被对方完全控制住，在对方面前变得非常渺小。

这种糟糕的内心体验可能会让我们有两种反应：一种就是感到很害怕，惶恐不安，担心因此失业；还有一种就是对上司的话反应过激，而且不自知，认为上司语气太差，对自己不尊重，对上司产生一种敌对的情绪。

面对上司，我们为什么容易产生这两种反应呢？

其实，很多时候，我们和权威的关系的原型就是我们和父母的关系。如果父母是比较强势的人，你就会听不到自己内心的声音，他们好像一座山一样，俯瞰着你，而你是很卑微地匍匐在地上的。在这种关系中，我们是很难和对方保持平等的。

慢慢地，我们会产生一种对权威话语的条件反射，产生"非常无助"的感觉。哪怕长大以后，我们面对的不再是父母，而是别的权威，我们心里也会产生这种反应。

实际上，这种情绪反应会泛化，不仅面对权威的时候会这样，面对亲密关系中的另一半，甚至是朋友，也有可能会这样。

我有一个来访者，她在亲密关系中就有类似的体验。她先生邀请她参加一个很重要的聚会，并且跟她说：我希望你可以穿得比较正式，如果你和谁聊天，你要知道什么话是不适合在那个场合讲的。她先生讲话比较直接，她就觉得受不了，认为先生在对她提要求，所以她感到很愤怒，但又有一种被捆住，无法表达的感觉。

我问她，这究竟是你先生带给你的体验，还是你曾经在哪里有过这种体验？她说，在她小时候，父亲对他们几个兄弟姐妹非常严厉，父亲是一个极有原则的人，不苟言笑，而且父亲对他们的要求都合乎礼仪规范，她也无从反驳，父亲说的永远都是对的。如果她不让父亲满意，父亲就会冷着脸，很长时间不理她。记忆中最糟糕的事情就是在饭桌上，一家人都不说话，默默吃饭，她心里难受得根本吃不下，但是因为父亲的要求，她又必须坐在饭桌旁吃饭。这样的体验让她难以忘记。

所以，这位来访者其实是把面对父亲时的感觉泛化到了其他关系中。

二

那么，面对上司的时候，怎样避免产生过于惶恐害怕的心理呢？

第一点，告诉自己，被老板点评是很正常的，老板表达他的意见，不代表我就一定要按照他的意见去做。一个权威提出他的看法和要求，不代表我就要完全满足他。这里有一个界限。

怎么知道你有没有这种界限意识呢？在听到对方发出指令或责备你的时候，你有没有一种被吞噬的感觉？抑或仍然能够感觉到自己是独立的，可以客观地回应对方，他的哪些观点你是认同的，哪些是不认同的？如果是后面这种情况，那你和老板之间就是有界限的。

第二点，告诉自己，在上司面前，我是有表达自由的，我甚至可以表达我不同意他的意见。

第三点，告诉自己，尽管我很想满足上司的要求，但我做完之后，在上司看来，我仍然没有达到他的要求，这是很正常的，我控制不了上司对我的看法。做得再努力，对方也可能会认为我做得不够好，还可以做得更好，但这个部分不在我的掌控内，我只要做好我能控制的那部分就可以了。

　　还有一点，请提醒自己，如果你面对的是一个对自己要求很严苛，对下属要求也极严苛的老板，可能你做到90分，在他看来只是60分，那你就不需要去认同他对你的评价，更不要用他的负面评价来伤害你自己。

三

　　面对上司的指令或批评，反应过激，产生敌对情绪，很容易导致职场冲突。

　　怎样避免这种状态呢？我们要意识到，我们之所以会产生这种被老板伤害的心理感受，多半是因为我们对老板有一种移情或投射。我们以为老板的意见和当年父母的指令一样，是一种压倒性的意见，他讲了，我就非做不可，如果不做，我就会失去这个关系。于是，在那一刻，我们感觉到对方在吞噬我们的自我。为了自我防御，我们把一股长期以来被父母压抑的怒火撒在了老板身上。所以，这是对过去情境的一个反应。

　　我们需要告诉自己，对方不是让我敢怒不敢言的父母，我是可以拒绝的，我不再是一个完全不能反抗和表达的孩子，我跟对方一样，是一个成年人，他不是要来吞噬我，他也吞噬不了我，我甚至可以选择终止关系。

有了这个认知之后，我们就不会再对上司的话有那么大的反应。当我们有了这样的觉察，无意识的部分被我们意识化，它就没有那么大的能量来操控我们，我们就能更冷静地处理与上司的关系了。

同理，也就能更冷静地处理与他人、与伴侣的关系了。

其实，这里讲的仍然是界限问题。当你明确意识到你是独立的，是属于你自己的，很多关系问题就解决了。因为很多时候，你产生过度反应都是因为你错误地以为对方在突破你的界限，但可能对方并没有这样做。

四

前面讲了如何处理与权威的关系，但不得不说，光是从理性方面去了解这些可能还不够，因为造成这些反应的根源在原生家庭。所以，我们确实需要与童年的自己和解，我们需要更多地肯定自己，去覆盖童年时期父母对我们的不公平的否定。

他们曾经可能完全不看我们身上发生了什么，就给我们一个否定，这个否定是自上而下的，大到我们没有办法反抗。而我们在面对权威的时候，之所以会感到受伤害或者情绪起伏特别大，好像自我会因为对方的一句话而被吞噬，就是因为我们内在的、被父母否定的那部分还在影响我们，我们的自我内核还很虚弱。

　　所以，我们也不能一口吃成一个胖子，我们要去接纳自己这种害怕权威的状态，等到内在的自我在疗愈中、在学习中慢慢变得强大，就像一棵小苗长成比较强壮的大树，我们就会有更多的力量去对抗外界的权威，我们就会越来越能感受到平等了。

学会过"无龄感"的人生

人生其实充满失控和无常。如果你给自己一个限定的时间表，就没办法去面对人生的各种失控和无常。你会为了避免无常，把自己搞得很焦虑。

有时候，年龄是我们给自己的一个限制，这个限制第一会影响我们发挥自己的潜能，第二会耗损我们的心理能量。在年龄限制的标准之下，如果在所谓的"该做什么的年龄"没有去做什么，我们很可能就会产生强烈的自责，并且失去"我还有机会，我还有希望"这样的很正向积极的信念。所以，我想跟大家谈谈怎样去面对我们的年龄。

一

有一句话特别好：我们要过无龄感的人生。

中国有一位八旬老太太，名字叫闵德玉，2014年被孩子接到澳大利亚的墨尔本。有一次，她看到有人跳伞，就非常兴奋地表示自己也想试一试。孩子给她报了名，最后她跳伞成功，引起了不小的轰动。

一个80多岁的人去跳伞，的确有一定的风险，在我们的固有认知里，这不是这个年龄段的人应该去做的事。但这位老太太去体验和尝试了，她突破了年龄的限制，她过的就是一种无龄感的人生。

类似的新闻还有很多。

突破年龄的限制，最重要的一点就是不被集体文化中的潜意识裹挟。比如，在十多年前，大家会认为二十八九岁结婚是很晚的，这就是一种集体潜意识，也是约定俗成的社会标准。约定俗成的社会标准是不需要我们去进行思考的，似乎也是不容置疑的。

当你妈向你催婚的时候，在她的认知里，她觉得事情本来就应该是这样。所以，"本来就应该是这样"这样一个不需要去思索的约定俗成的标准就是集体潜意识在我们身上的体现。

此外，心理学认为，每个人的意识里都有一个超我，超我的认知也有很多条条框框：你应该做什么，你不应该做什么，你应该在什么时间做什么事。超我也对我们传递着年龄限制的认知。

如果我们想过无龄感的人生，我们首先就要向集体潜意识，包括我们的超我提出一个问题：你为什么会这样觉得？所以，当你妈跟你说"28岁还不结婚是一件糟糕的事"的时候，你可以去质疑她：你为什么会这样觉得？

很多被催婚的人觉得说服父母是一件困难的事，没有办法让父母来理解和认同自己。

但我想，这是一个选择问题，也是一个界限问题，就是你自己的事情，你能不能为自己做主？实际上，很多人之所以会陷入困扰，是因为他们在内心认同了父母的观点。他们在"我有没有问题"这个判断上是动摇的，而父母的担心和否定加深了他们内心的动摇和对自己的否定，所以他们没有办法去坚持自己的标准。

二

其实，社会标准是在不断改变的。十几年前，28岁不结婚被认为不可以，可是现在，人们的观念开放多了。最近我看到一个数据，在一线城市广州，人们的平均结婚年龄，女性是30岁，男性是32岁。

这说明当科技进步，人的寿命变长，医疗技术变好的时候，人们的婚育年龄是可以往后推的。为什么老一辈的人认为28岁必须要结婚，30岁之前必须要生孩子？因为在他们生活的年代，在那样的科技和医学水平下，有的事情过了某个时间点，可能就做不了了，比如女性在30岁以后生育健康孩子的概率就会降低。

但是，现在科技更发达了，你完全可以跳出老一辈人的观念限制，根据现在的实际情况去做出自己的人生选择。

三

在生活中，我们常常听到"来不及"这个词，它也意味着对年龄设限。有的人在谈及自己无法离开一份工作，或者不能离开一段婚姻的时候，常常会用"来不及"这个词。比如，我已经在这个工作岗位上待了十年，我来不及重新换一份工作了。或者，我已经在这段婚姻里待了十年，我已经××岁了，我来不及再换伴侣了，等等。

有的人在40岁的时候就常常跟周围的人说他已经是一个老年人了，然后生活方式、人生选择都俨然老年人的样子，对生活没有期待，抗拒改变，显得非常认命。这样的人其实已经趋向于一种心理上的衰老。

所有这些抱着"来不及"的思想，或者"我已经老了"的想法的人，都是对自己的时间设限。其实，只要改变认知标准，我们就能改变这种"来不及"的思想或者所谓的"衰老"状态。

我们保持心态上的年轻，80岁还能去跳伞，六七十岁还能选择离开糟糕的婚姻，哪怕在人生的最后十年，都要去寻找自己想要的生活，这就是积极面对人生的态度。

给自己的年龄设限，在固定的时间点要求自己做到固定的事情，这看上去是对人生的规划，但其实这会让你的人生更加消极。因为你永远会有一种"过了这个时间点，我就不能再做这样的事情"的负面思维，把人生的可能性搞得越来越小。

人生其实充满失控和无常。如果你给自己一个限定的时间表，就没办法去面对人生的各种失控和无常。你会为了避免无常，把自己搞得很焦虑，然后在失控之后，陷在失败中爬不起来。

所以，要应对人生的失控和无常，就要学会过无龄感的人生。这样，不管是在职场上还是在婚姻中，遇到别人说三道四的时候，你都不会再将愤怒指向别人，不会觉得父母或者亲朋好友给了你很大的压力，管你太多。当你真的非常坚定的时候，你是不会在意别人的时间表是怎样的。

心理练习：
如何接纳自我，放松身心

在这一章里，我们讲的是很多时候，我们对自己提出要求，令我们产生心理压力，内心产生自责之后，我们处在一个心理耗能的状态。所以，放松身心的一个很重要的方法就是学会减少对自己提出这样或那样的要求。

第一步，我们要有对自我保持觉察的能力。我们对自我的要求可能是父母投射给我们的，因为我们想要变得更优秀，在关系中让对方更爱我们。这些要求可能是过高的，是不切实际的，我们要能够觉察到，并产生思考和质疑。

第二步，当我们做不到的时候，我们要学会去接受自己。比如将期待降低，接纳自己做一个普通人，而不是必须要让生活充满高光时刻。当我们越来越能接受自己是一个普通人，或者越来越能接受"我也会犯错、搞砸、做不到"，不断拓宽接受度，我们就能够更好地完成对自己的接纳。我们给自己的压力就会变小，负面情绪也会减少。

第三步，我们要学会区分他人的标准和自己的标准。我们内在的标准不要轻易被外界的标准替代，要能够理性地去看待为何他人形成了那样的标准。不能直接把别人的标准拿来就用，要经过自己的调试，形成自己的标准。

第四步，尝试寻找一些积极的体验。很多时候，我们给了自己很大的压力，是因为已经预设了某件事情如果做不到，结果会非常糟糕。其实，即便没有做到，结果也没有你所想的那么糟糕。比如，我在咨询时就曾遇到过很多人，他们高考考砸了，砸得一塌糊涂，但是后来他们在工作和学习中有很多重新开始的机会。有些人是在亲密关系里遇到了很大的挫折，跟对方产生了很大的分歧，甚至离婚或绝交，但是后来发现跟这个人还是可以重新开始的。

在职场上也是如此，很多时候，你面对老板有很大的压力，但是当你以一种平等的心态去跟你的老板诚恳沟通，表达你的意见时，有的老板也能给予理解和接纳。

所以，我们要告诉自己，生活并不是我做不到就会完蛋的。

学会提醒自己，我们在关系中、在生活中之所以不自信，给自己那么大的压力，是因为我们可能在原生家庭中体验和经历了父母对我们的不接纳所导致的创伤。我们要用新的积极的体验来覆盖这个创伤体验，让自己不要去强迫性重复进行那些消极的体验。

第五步，多做自我肯定。压力常常来自对自我的否定，所以我们要不断练习自我肯定。总盯着自己的缺点，是很难肯定自己的。学会自我肯定是改变的基础，这是一个很重要的开始。

比如，你原本觉得自己可以升职，但是最后没能升职，于是你可能就会产生很糟的情绪。你可以尝试去肯定自己，找出自己在工作中的优点，而不以成败论英雄。

不以成败论英雄，这句话不是拿来评价历史人物的，而应该拿来帮助我们肯定自我。很多时候，我们都会陷入以成败论英雄的误区里，只看结果，而忽略了其中的过程。其实，即便不能升职，回头看过去，你应该也会看到，你还是做了很多事情的，而且有些做得非常不错。当你能够这样想时，就算你没有升职，你也有了更多的底气，也许你会找一份新的工作，也许你觉得明年会有更好的机会。无论如何，你不会一棍子把自己打死。

把握以上五个要点，可以让我们在内心深处慢慢进行自我对话和自我觉察，而不被那些负面情绪和自我否定弄得压力非常大。

有一些朋友可能已经尝试过用一些放松身体的方法去放松自己的心灵，我觉得这也是非常好的。因为我们把注意力转移到自己的身体上，的确能让大脑暂时放下重负，这也是爱自己的一个重要表现。

比如说，你今天去练两个小时瑜伽，或者跑一个小时步，在这个过程中，你什么都不想，起码这两个小时或者一个小时你没有攻击自己，也没有给自己提要求。

我们需要把自我觉察和自我接纳渗透到生活的方方面面，不断强化为自己的内在习惯，才能够减少压力，活得更轻松自在。

第四章

做个觉察者，创造真正享受的亲密关系

一个没法让自己舒服的人并不真的拥有让别人舒服的能力。

三观一致就能幸福?
这是一个谎言

什么是三观合? 合到什么程度才算合? 如果我们理想中的婚姻状态是非要两个人严丝合缝地"适合", 那不过是在追求镜花水月, 自寻烦恼罢了。

一

我们很善于也很喜欢把难以解决和面对的问题简单化、标签化、极端化, 因此才有很多人都认定这样一句话: 幸福的婚姻应该是三观相合的。

可是, 如果我们深入去思考, 就会发现所谓的幸福婚姻并没有一个绝对正确的标准, 甚至没有可参照的体系。我们之所以弄出了"三观相合"的标准, 是因为我们太需要一个标准让我们不那么焦虑, 减少不确定性。

三观达到百分之百一致, 这是一种"理想化"的状态。可以说，并不存在三观完全相合的婚姻。想象在不同成长环境中长大的两个人，无论生活轨迹有多少重合，他们毕竟是两个独立的个体，对事情的看法必然会存在差异。

比如，两个人都爱好文学，但是对文学类型的偏好也会不同。可能其中一个喜欢古诗词，而另一个更喜欢小说；一个喜欢古典文学，而另一个更爱现当代作品。所以，就算都爱好文学，也未必真的有共同语言，或许还会因此有更多的争执。

比如，两个消费观念一致的人，可能在孝敬老人方面又完全不同；两个事业观念完全一致的人，可能在养育孩子方面又完全不同。

所以，什么是三观合？合到什么程度才算合？如果我们理想中的婚姻状态是非要两个人严丝合缝地"适合"，那不过是在追求镜花水月，自寻烦恼罢了。

两个人之间一定会有分歧，这才是绝大多数婚姻的真相。

二

与其寄希望于从一开始就找一个三观绝对相合的伴侣，还不如在婚姻中去修炼内功，提高自己应对不一致的能力。

很多人在婚姻中处理不一致的方法是争个对错——我一定要赢。其实，赢了又有什么用？赢得多，婚姻也并不会因此而变得更好。

我观察到婚姻中的两个人总是在争，"争"这个词很有意思，它贴切地反映了婚姻中两个人的内心状态。如果你对了，那么我的观点就是错的，连带我的自我也没了；如果我是对的，那么你就一定是错的。这其实是一种婴儿式的偏执思维，要么我百分之百对，要么我就什么都不是。不够成熟的人找不到那个中间状态。我们要能意识到我们和对方之间是有界限的，我们可以在界限的两边保持彼此的差异，不必非要争个对错。有这样的认知，我们才能接纳对方跟自己不一致，婚姻中才会有尊重。

彼此尊重是好的婚姻关系的前提，一个内心真正强大的人能够尊重与自己不同的人。

你尊重对方是一个独立的个体，是和你有所不同的，你们对事物的理解会存在不一致，这样一来，你们的关系就不会剑拔弩张。你们的沟通会顺畅很多，不会一开场就进入"你说的都是错的"或者"我今天不得不对你投降"那种你死我活的战场。

三

那么在婚姻中，如果对方在某方面很糟糕，你是不是就要完全去接受他的糟糕呢？

当然不是。既然婚姻是一段关系，那么彼此之间就需要协商，并且有所改变，只不过要在彼此理解的基础上协商和调整。

如果没有理解和共情，那么不但不能解决分歧，反而会累积很多负面情绪。

我怨恨你如此糟糕，责怪你为什么这样对我……两个人一上来就互相抱怨，甚至是你来我往的憎恨和报复，那就没有办法进入第二步——和平地调整、商量、妥协。

带着情绪是没法解决问题的。

举个养育小孩的例子。丈夫发现妻子总是非常焦虑，到了冬天就给孩子穿很多衣服，他对此很不赞同，觉得没必要给孩子穿那么多，活动不方便。如果这位丈夫在不赞同的同时，还能够去理解他的妻子为什么如此焦虑，那么他们之间的沟通状态就大不一样了。

作为母亲，妻子有着一种焦虑心理，她让孩子多穿点，是因为她害怕孩子着凉感冒，因为只要孩子生病了，就意味着她不是一个好妈妈，这种内心的焦虑驱使她让孩子穿得多，防止感冒。

如果丈夫能够从这个角度去理解妻子的所作所为，那么他和妻子沟通的语气和情绪就会是平静的，他就能够谅解对方。

四

很多人在婚姻中有不满，其实就是因为不能理解自己和对方是两个独立的个体。

所以，我们要先学会预设对方和我们想的不一样。你与我不同，就算我们再亲密，也是两个不同的个体，我能够接受你和我的看法不一致。

能够接纳彼此的不一致，还愿意和对方在一起，这是一种成熟的爱。而不是我中有你，你中有我的那种爱，那叫共生的爱。

共生的爱会带来很大的问题，就是到最后你不知道你是在为自己还是为对方而活，而且对方可能也会有这种困惑。

生活中，有的人会突然决定跟伴侣离婚，因为他意识到，原来过去十几年他都是在为对方而活，并没有真正活出自己。所以，早一点认识到婚姻中的双方本就不一致，会让我们把尊重对方的边界做得更好。

婚姻中，双方必须要有距离，双方不是两个互容的圆。有些妻子会抱怨丈夫对婆婆太好，给婆婆花很多钱，甚至如果家庭经济条件还可以，丈夫还会承担起照顾弟弟妹妹的责任。

我的一个来访者就是这样，他很想为他的家人付出，但他的妻子不能理解他，双方在这件事上的分歧严重影响了夫妻感情。

但我给他做咨询的时候，从来不讨论谁对谁错，我们讨论的是为什么你的妻子会觉得你不应该把钱花在你父母身上，而你为什么又很想要这样去做？在探讨中，我发现，原来他和妻子两个人有完全不同的童年，原生家庭的氛围也完全不同。也就是说，他们对关系的体验和总结是完全不同的。

在妻子的原生家庭中，亲人之间关系比较冷淡，大家觉得对方是负担，也给了彼此很多痛苦和伤害，所以妻子很想逃离家人的影响。这是妻子的一个内在模式。

而丈夫与此相反，丈夫的兄弟姐妹不计回报地供他读书，让他念完研究生，让他能够获得比较好的生活，弟弟妹妹为他自愿放弃了读书的机会，但是他们对他没有任何怨言。所以，我的来访者觉得要去做一些事情，从而使自己不那么内疚。如果他不去做这些补偿和付出，可能他的潜意识就会告诉他要用搞砸自己的生活来让内心达到平衡，因为他会觉得他过得比家人好太多了，这是不可以的。

因此，婚姻中，夫妻之间要建立这样的认知，就是对方这样做一定是有原因的。一旦我们能够平静地去分析对方这样做的原因，我们和对方之间评判的张力就小了，斗争的张力就小了，就可以减少冲突和指责。

所以，三观相合就能幸福，这是一个谎言。能够高度整合婚姻中的不一致，才有可能获得真正的幸福。

给予彼此更多的情绪价值

如果你想要对方给你什么，就需要先给对方什么，这是一个在任何关系里都被验证的真理。情绪价值也是一样。

一

"情绪价值"这个词跟心理能量密切相关。在亲密关系里，如果你的伴侣不能给你提供情绪价值，那么直接的结果就是：你会在这段关系中感觉到心理能量越来越受损。

情绪价值究竟是什么呢？

举个例子，一位妻子上班劳累了一天，回到家里，对丈夫倾诉内心的焦虑：你看最近小孩是这样的状态，我的工作又遇到各种问题，怎么办？流露出非常负面的情绪。丈夫不耐烦地说：我不是早就跟你说了你应该怎么样嘛，可你又不听！丈夫用这样的语气顶过来，妻子后面的话就没有办法说出来了。在这个例子里，丈夫就没能把"共情和理解"的情绪价值给到妻子。

生活中，这样的夫妻很多。似乎A总是在倾诉或抱怨，B总是在逃避。妻子说，我不开心；丈夫很武断地说，你想多了。在"你想多了"四个字后面就什么都没有了，妻子好像遇到了一堵厚厚的墙。

所以，**情绪价值最重要的部分就是理解，让你能够感到你的情绪被对方看见了，你是被理解和被允许的。这就是情绪价值的内核。**

我们在婚姻中最主要的心理层面的需求就是找一个人和我们一起应对情绪，而不是仅仅找一个人帮我们解决生活难题。

我有一些女性来访者，她们很痛苦地跟我讲述自己的婚姻关系时，总是会强调丈夫在经济方面很有责任感，对孩子也很愿意付出时间和金钱，可她们依旧觉得不幸福。这个不幸福感究竟来自哪里呢？原来，是她们的情绪没有得到伴侣的理解。人不是机器，人活着也不可能像机器运转一样，你给它一点油，定期维修一下，提供一些零部件，它就可以日复一日、年复一年地运转。

就像人本主义心理学家马斯洛的需求层次理论所描述的那样，实际上，现在在我们大多数人的生活，基本的物质需求已经被满足了，而精神需求和情感需求更加被渴求。

为什么我们那么需要在婚姻中谈感受？有个很简单的现实原因：如果我们在亲密关系里没有办法和法律意义上的自己的伴侣谈感受，而是和其他异性谈感受，那我们可能要背负道德上的压力，甚至付出更大的代价，比如出轨所带来的各方面的后果。

所以，婚姻中的情绪价值对我们来说特别重要。

如果实在得不到，可以尝试和伴侣一起进行家庭治疗，在咨询师的帮助下，看到彼此内在的需求。当然，你也可以多和朋友待在一起，朋友之间的情绪支持也非常重要。

二

除了设法弥补婚姻中情绪价值的不足，我们也要学会去理解和接纳情绪价值的不足和男女天生的差异有关。

曾经有一本风靡一时的畅销书，叫作《男人来自火星，女人来自金星》，讲的就是男女之间有哪些心理差异。

男人是从妈妈的子宫里出来的——当然，女人也是从妈妈的子宫里出来的。从精神分析的理论观点来讲，女人是可以生育的，因为女人有子宫，但男人是没有办法生育的，所以他们会有一种潜在的无力感，就是我是被子宫包裹和吞噬的，我没有办法去衍生出一个子宫。所以，在男女之间的关系上，男人常常想要逃离。他觉得一旦你跟他说得太多，他就会产生被子宫吞噬的感觉。而在这一点上，他跟你的能力又是不均等的。当然，这一切都发生在男人的潜意识里。

现在，你大概明白了当女人跟男人倾诉情绪的时候，男人为什么会抗拒，因为他可能会觉得你是不是要控制他、改变他。他可能会处在一个高度警觉的状态，然后就会下意识地把你推开。

理解了男女在这方面的不同，女性就可以做一些调整，去觉察一下自己在跟伴侣倾诉的时候，是不是在指责和控制对方？

比如，你今天工作很不开心，回到家发现孩子不写作业，你更难受。你认为这一切都是因为丈夫下班后不及时回家陪孩子，他不是一个好父亲，你把负面情绪都发泄在丈夫身上，你要找一个责任人问责。如果你以这样的心态和口吻去和对方谈感受，对方当然会把你推开，他会觉得被指责了，被控制了，被你推上了审判台。

如果你只是跟对方说，你觉得自己很失败，你觉得情绪低落，你需要跟他倾诉，也许对方会很愿意听一听你在工作上遇到的不开心的事情，甚至接受你关于陪伴孩子的建议。

这并不容易。**我们在亲密关系里谈感受和情绪的时候，很容易对对方怀有期待，我们会在亲密关系里代入母婴模式，觉得对方是我们的爸爸或者妈妈，应该对我们的难受负责。**

为什么我们和朋友在一起谈感受，不会影响彼此的关系呢？因为你不需要朋友为你的情绪负责，所以朋友总能听你讲上两三个小时，并且能很好地理解你。

所以，在婚姻中，我们需要在内心深处把"我只是谈感受"和"我需要你对我负责"这两种诉求区分开，尽可能只谈感受，而无须对方对我们负责，更不要把自己放在受害者的位置上。

婚姻中的女性很容易把自己放在受害者的位置上，因为在过去的中国文化里，女性以一个很强势的姿态去为自己争取利益是不可能的，在潜意识里，她们会转而以一种"我很可怜，我是一个付出者和受害者"的姿态去为自己争取利益。这是一种集体无意识。

但是，现在我们要学会觉察，意识到男女之间的不平等已经没有那么严重了，没必要再把自己代入受害者的角色，把丈夫推到坏人的位置上，博得丈夫的同情，从而为自己争取利益。你越是把丈夫推到坏人的位置上，他越是没有办法坐下来听你倾诉。

三

如果你想要对方给你什么，就需要先给对方什么，这是一个在任何关系里都被验证的真理。情绪价值也是一样。

你想让对方给你提供情绪价值，就得先问一下自己，你在婚姻中有没有给对方提供足够的情绪价值？

我们要区分付出和情绪价值的差异。比如，作为女性，你养育孩子很辛苦，做家务、上班很辛苦，但这不意味着你给你的丈夫提供了情绪价值。反过来也是一样，如果你是一位男性，或许你在外打拼很难，承受了很大的压力，但这也不意味着你就不需要再向你的妻子提供情绪价值。

我们想要对方给予情绪价值，最好通过沟通去争取，而不是被动地等待，或者带着受害者的心态指责对方。

最后要提醒女性朋友，在心理层面，通常男性要比女性成熟得更晚。你的丈夫可能并不知道情绪价值是什么东西，在他的人生中，他可能根本就没有被很好地共情和理解过，从小他的关注点就是如何去解决问题，很少有人去跟他谈感受。他从来不明白什么是情绪价值，就很难给予你这个东西。

　　那么，做妻子的就先走一步，先去帮助丈夫了解情绪价值，再慢慢地将他培养成能够为你提供情绪价值的人。这样，婚姻中，双方都能获得成长。

不向"爱无能"的人要爱

我们虽然活在关系里，却不能为关系而活；我们虽然如此渴望爱，却不能只为得到爱而活。我们要建立自我，为自我而活。

人是活在关系中的。

很多心理学大师都从各个角度论证过关系对人的重要性，从弗洛伊德到霍妮，从温尼科特到科胡特，他们都告诉我们，从母婴关系、两性关系到主客体关系，人的确是活在"无处不在"的关系里的。

一

我们可以在爱和关系里去寻找自我的存在感和意义，获取价值感和快乐，但不应该把它当作唯一的源泉。假如我们把关系当作自我的全部依托和自我力量的源泉，那么没有建立良好社会关系的人，没有得到渴望的爱的人，他们该如何定义自我，如何获取力量，如何确定自己的存在是有意义的？

我有一个年轻的来访者在寻找爱和证明被爱的路上活得很艰难。她经历了抑郁症的折磨，有过自杀倾向。生下女儿后，她面对的是不讲道理、有重男轻女观念的强势的婆婆，以及不分担家务，还动辄对她打骂的"妈宝男"老公。她的母亲已经离世，她也得不到父亲的支持。辞去了工作在家带孩子的她强烈怀疑自己活着的意义。

也许换个人，第一时间想的是如何摆脱或改变这种现状，但是她只会不停地责问和攻击自己，认为这一切都是自己造成的："我不会和别人相处，所以谁都会欺负我。没有人真的爱我，包括我的母亲。我特别没用，我痛恨这样的自己。"

她告诉我，她从小就被妈妈严厉地对待。她和妈妈的关系常常是敌对的，她经常和小她三岁的弟弟争夺母爱，她觉得妈妈根本不爱她，只爱弟弟，重男轻女。

妈妈离世的时候，她没有"真正地悲伤"，可是事后，她又谴责自己竟然如此"没有良心"，毕竟妈妈养育了她，她觉得自己"既不像个女儿，也不是个好姐姐"。

现在她觉得自己很差劲，到处讨好别人。可是她发现，她越讨好别人，别人就对她越发践踏，无论是同事、丈夫还是婆婆。

"为了示好，我甚至对婆婆跪下，可是婆婆对我却越来越差。

"小时候，每当和妈妈吵架，觉得自己不被爱，我的脑海里便会产生各种自杀的念头，但是因为胆子小，没有付诸行动。"

我问她，你想用自杀的方式来报复妈妈吗？

她说："不是，我想用这种方式来搞清楚她是不是爱我。"

以结束自己生命的方式去证明一个人是不是爱自己，这就是她内心的想法。

"假如我死了，能得到妈妈的爱，那也是值得的。当时我是这样想的，现在和老公吵架，我也是这样想的。我想如果我离家出走或者死了，他会懊悔在意，会来哄我道歉，会改变，那就说明他是爱我的。"

我对来访者说，幸亏当时你没有真的去死，如果你死了，你妈妈也没有为此后悔，你只是证明了你妈妈不爱你，那就太亏了。而且，如果你死了，那你就永远也没有办法了解真相了。而这个真相就是，世界上本来就没有你心里所想的那种纯粹的爱。

二

是的，很多人无法得到他们想要的所谓"爱的证明"，就是因为他们想要的那种绝对的、纯粹的爱根本就不存在。

在我看来，爱既没有百分之百的纯度，也无法永恒，而是会随很多条件而改变。

即使是最爱孩子的妈妈，从心理学的角度来分析，对孩子也是既爱又恨的，人类就是如此复杂的感情动物。

我告诉我的来访者，20世纪90年代末，在偏远的农村，人们还存在重男轻女的思想，女人生了女儿后，就直接把孩子放到村口大树下不管了。因为家里经济条件有限，女人做不了主，舍弃女儿生儿子就是她们无奈的选择。

我对来访者说，她的妈妈至少还养育了她，供她念了大学；虽然经常骂她，可是没有打过她，还有对她不错的时候。所以，她的妈妈并不是完全不爱她，只是没有以她期望的方式来爱她。

包括来访者的老公也是如此。来访者觉得老公在吵架中伤害了她，这其实是她单方面设置了一个前提，认定老公具备了理想中的爱一个人的能力。

但其实每个人爱的能力不一样，也许她的老公并不是不爱她，只是无法提供能达到她要求的爱。

这就好比一个人只有拿出100元的能力，你非要他拿出1000元，只有给你1000元才能证明他爱你，否则你就觉得自己没有被爱，不值得被爱。这实在是自寻烦恼。

不要把你的自我建立在对方支付不起的爱上。

三

我们之所以将自我认知的权利完全交给关系中的另一方，是因为我们将对方理想化了。

比如将父母理想化，觉得他们就应该是完美的父母，如果他们不爱我，就是因为我很糟糕；将伴侣理想化，认为伴侣不够爱我，也是因为我很糟糕。

哪些人特别容易把不能得到别人的爱归咎于自己很糟糕呢?

通常来讲,如果一个孩子在童年时曾经被暴力对待,且这种暴力对待达到了虐待的程度,那么这个孩子可能就会将父母对自己的虐待归咎于自己很糟糕。

心理学认为,归因于自己会让人对事情更有掌控感。这其中的心理逻辑就是,因为我很差,所以父母才会如此糟糕地对待我,那么下一次,如果我变好了,变得更棒了,他们就会来爱我。

为什么孩子会有这种逻辑呢?因为父母打骂孩子,或者用语言暴力虐待孩子的时候,孩子会突然有一种完全无力控制的感觉。他要如何消化父母强加给他的情绪呢?很多时候,他就会下意识地将被动变为主动,把这件让他完全无力控制的事情变成他可以去掌控的事情——归因于自己差劲。

所以,被虐待的孩子在年幼的时候会用这种"事情因我而起"的幻想,帮助他应对父母带给他的心理创伤,并且在以后的亲密关系里仍然保留这样的幻想。

四

当我们意识到对方"爱无能"时,我们该怎么做?

首先要意识到将对方的不爱或者没有以你想要的方式来爱你归咎于自己,这其实是一种自我伤害。如果对方只是达不到你的预期,这并不影响你的自我认知,你可以尝试做一些调整,让对方更好地来爱你，千万不要掉进"我很糟糕"的心理陷阱中出不来。

如果你已经确定你的伴侣可能是"爱无能"，那你可以选择放弃婚姻，而不是折磨自己。当然，在放弃婚姻之前，你也可以去努力改善，虽然不一定会改变结果，但这样能让你问心无愧地面对自己。

这里说的"努力"包括调低自己的期待，或者尝试去改善对方的"爱无能"。当你捕捉到对方的一些细微改变时，马上去正面强化、去鼓励、去肯定，他内在的爱的储备就会越来越多，情况就会慢慢得到改善。

如何摆脱爱里的不安全感

所谓成熟，就是能够接受愿望不能实现的失望的感觉。我们越能够去接受失望，就越能够在关系里找到平静。

一

亲密关系之所以会产生问题，主要是因为我们内心有不安全感，我们无法全然去信任他人，有时候会怀疑对方的爱不是真的，因此在给出爱的时候也会很犹豫。

最近我看了一部韩剧，叫《请输入搜索词：ＷＷＷ》。女主角是一个38岁的精英白领，她偶遇了一个28岁的男生。起初，她觉得他们之间可能只会是普通关系，但这个男生很认真，想要跟她进一步发展，甚至结婚。女主角虽然接受了跟男生的恋爱关系，却总是在恋爱中"作"。她没有办法开口对这个男生说"我爱你"，有时候会刻意将男生推远。她会对男生说"我们可能没有未来"，或者说"是不是我放开手，你就会走掉"之类的话，还会玩失踪，叫对方不要再来找她……

当然，最后女主角认识到自己这样做其实是伤害了对方。她之所以会这样，就是因为内心有种不安全感，不安全感让她无法信任对方，无法去爱，甚至以伤害对方的方式来测试对方是不是真的爱她。这种测试很残酷，对关系本身也是一种损害。如果你认为对方全然爱你就必须通过所有的考验，不管你怎样推开对方，对方都会牢牢地抱住你，那就太理想化了，那不过是一种对完美之爱的渴求，是一种不切实际的幻想。

二

在亲密关系中产生这种不安全感，常常是因为我们小时候和母亲或重要的养育者之间有一种不安全的依恋模型，心理学上称为矛盾型依恋。

心理学研究发现，人出生后，和母亲或者重要的养育者之间建立的依恋关系通常有安全型依恋、回避型依恋和矛盾型依恋三种类型。

心理学家是通过一个关于母婴关系的实验得出这个结论的。实验者将一些3~5岁的孩子和妈妈带到一个有玩具的房间里，这个房间里还有另外一个陌生人。过一会儿，妈妈对孩子说自己有事要离开，然后离开房间，稍后再回到房间。观察这个过程中孩子和妈妈的反应。实验者发现，不同的孩子在妈妈回来之后的反应是完全不一样的。

有的孩子，妈妈在旁边时，会开心自由地玩耍，和陌生人交流；妈妈离开后，会表现得有些心烦意乱；但一看到妈妈回来，就很高兴，扑进妈妈怀里。这说明他对妈妈的依恋是一种安全型依恋。

有的孩子则表现出回避或忽视妈妈，无论妈妈在场、离开还是返回，都几乎没有什么情感反应。这是一种回避型依恋。

还有一些孩子，即便妈妈在场，对玩新玩具和与陌生人打交道也感到很焦虑。妈妈离开的时候，很沮丧；等妈妈返回时，表现出想贴近妈妈，但又很怨恨妈妈的心态。当妈妈去抱他时，他会把妈妈推开。这说明孩子对妈妈有一种矛盾型依恋。

心理学家认为，情绪稳定的妈妈通常会让孩子建立起安全型依恋，常常忽视孩子的妈妈会让孩子建立起回避型依恋，而情绪不稳定的妈妈则会让孩子建立起矛盾型依恋。产生矛盾型依恋的人是最没有安全感的，因为他不确定下一秒会得到什么，所以他既想见到妈妈，又会把妈妈推开。

而随着年龄的增长，人们会把小时候建立的这种依恋关系复制到成年后的亲密关系中，形成一种又想亲近对方，又常常要把对方推开的矛盾状态。前面提到的《请输入搜索词：WWW》中的女主角正是如此。

三

童年时的分离创伤也会给我们带来不安全感。当我们是小孩时，我们还没有大人那样的理解力，妈妈离开时，我们常常会认为妈妈不再回来。

尤其是当这个时间有一定的长度，比如一个月或者几个月，我的一些来访者甚至经历了与父母分开数年，虽然中间父母也会回去看他，但是父母回去看他的时候，他无法相信父母是真的回来了，没有办法很快去相信父母仍然是爱他的，分离的创伤让他有了不信任和不安全的感觉。

比较严重的分离创伤可能会长时间地停留在我们的潜意识里，影响我们在关系中的体验。所以，一旦我们和某个人产生亲密关系，发微信找不到他，打电话联系不到他的时候，我们脑海里就会浮现出小时候被抛下的情景，从而让我们再次经历那份恐惧分离的痛楚。从现实层面来看，这显得很不理性，所以对方可能会说，你怎么这么容易崩溃，你怎么这么脆弱，你怎么对我如此怀疑？你为什么完全失去了判断？你完全不像一个成年人！

对方说得没错，此时的我们的确不像一个成年人。心理学上有一个词叫"退行"，在亲密关系中，有时我们会退行到婴儿的状态。

这种退行其实是给自己创造一个被疗愈的机会。就像来访者来到心理咨询师面前，把咨询师当成理想中的妈妈，也是通过一种退行来对自我进行疗愈。我们在什么时候遭受的创伤，就要回到什么时候去弥补、去疗愈。来访者在咨询室里退行到三岁，在这时，咨询师就可以帮助他修复三岁时受到的分离创伤，让他用安全的新体验去覆盖旧体验。这就是一个很好的疗愈过程。

一个人在亲密关系中的退行，所谓的各种"作"和测试，也是在潜意识里把对方当成妈妈，期待获得一次安全的体验。他在潜意识里仿佛在和对方说："希望这次你能够做得好一些，不要再像过去那样丢下我而离开，你要让我随时可以找到你。"

当这个假想中的"妈妈"无数次地通过他的考验，他就能够建立一种新的客体关系，那就是"我相信你爱我，你是能够带给我安全感的"。这个"你"既可能是现实生活中的另一半，也可能是心里的母亲，或者是曾经的养育者。

在这个意义上，我们会说，这个人通过亲密关系重新构建了客体关系，实现了疗愈。所以，一场好的恋爱是有疗愈功能的。

四

但不得不说，我们必须要学会面对现实。

现实就是，不是所有人都是咨询师，他们不可能像咨询师一样专业，总能在恰当的时候给你恰当的接纳。

何况你的另一半也许在很大程度上也和你一样有着这种分离创伤，可能也对感情不信任，可能也会退行。退行之后，你们都是受伤的孩子，那谁来做"妈妈"呢？这个时候，他很可能就不能通过你的考验了。怎么办？

所以，要摆脱爱里的不安全感，我们需要学会跟对方沟通，和对方一起去看看我们内心的小孩是怎样的，为什么我会对你有这样的期许，而有这样的期许并不等于我对你就有这样的要求，也不代表你没有成为我理想中的"妈妈"，你就不是一个好的爱人。

我们要接纳对方也可能有自己原生家庭的烙印和创伤，分离或者不被爱是每一个人的恐惧，所以不要期望在一段关系里解决所有的问题。告诉自己，尽管我们有这样一份渴望，但所谓成熟，就是能够接受愿望不能实现的失望的感觉。**我们越能够去接受失望，就越能够在关系里找到平静。**

告诉自己，当我们找不到对方，或者关系里出现了一些波动、难题的时候，不要轻易断言对方对你所有的爱都是虚伪的，或者他就是不爱你，就是要抛下你了。我们越能够这样去信任，就越能增加积极和乐观的能量。当这份能量在关系中流动起来的时候，关系就会越来越好。

可能有人会问，为什么我童年并没有经历分离创伤，仍然会在关系中觉得不安全？这可能是因为你内在有不配得感，觉得自己不够好。带着一份深深的自卑，一种"我不够好"的信念，总觉得对方不应该选择你这样的人，也会有不安全的感觉。

至于为什么会有不配得感，这涉及我们如何定义自己，如何带着不够好的自己去和对方相处。这在关系中也非常重要，我们将在后面的文章中深入探讨。

在关系中追求完美
是一种偏执

亲密关系中有一个难题，就是我们很容易一直停留在婴儿的心理状态中，要求对方像妈妈一样满足我们的所有需求。可是，不管是男性还是女性，都希望在关系中获得平等。

在亲密关系里，我们经常会遇到这样的情况：当对方跟你相处得很好的时候，你在那一刻可能会觉得对方很爱你，然后当对方出言不逊，或者拒绝你，或者在一些事情上跟你有争执和分歧，或者没有很好地回应你的感受的时候，你可能又会觉得对方完全不爱你。

一

这种情况其实是一种偏执的状态，简单地把关系推向两个极端，一会儿觉得这个人是爱我的，一会儿觉得这个人完全不爱我。其实，我们不能如此简单地去定义爱。爱不是绝对纯粹的，即便是最纯粹的妈妈对孩子的那种爱，其实也是偶尔有恨的。温尼科特曾明确地表达了这一观点，他做了很多关于母婴关系的课题探讨，他认为妈妈会恨孩子是很正常的。

小时候，作为孩子，我们很难去理解这一点，我们不由自主地会将妈妈推向理想化的极端，认为妈妈对我们的爱就应该是百分之百的。

等我们长大后，我们就很容易将这种幻想带到另一半身上，这就变成了我们说的在关系里追求完美，希望与对方所有的互动都是良性的。

很多人在关系里完全无法承受对方的不认同，或者见解的不一致，或者对方的一些攻击性的话语。其实，在所有关系里，我们都不可避免会碰到一些攻击性的话语。因为表达攻击性是我们每个人都有的一种本能，我们怎么可能对着亲密的人卸下防御之后，不表达这种攻击性呢？就像妈妈对孩子不会只有爱，妈妈对孩子也会有攻击。

我的一个来访者跟我讲了一个事例，里面就讲到了这种攻击性。有一次，她的女儿扭伤了脚，她跟先生就开车去接女儿。上车之后，先生的脸色非常难看，不停地数落女儿，说你这么大个人了，怎么这么不小心，还能把自己的脚扭伤，你接下来的行程怎么办？

她说她作为妈妈，突然意识到这种表达是会让女儿难受的。扭伤脚本来就已经很痛了，爸爸还这样跟她说话，她可能会更难受。我就问她，你在这里面感觉到了什么？她告诉我说，她觉得她丈夫在这里确实是有攻击性的，他将自己不好的感觉扔给了女儿。

我想说，虽然面对对方的攻击性会让我们很不舒服，但这就是人性的一部分，我们必须要接受这一点。

二

除了接受你的伴侣会有攻击性，不可能在所有时刻都全然爱着你，你还要意识到，你的另一半是由他的原生家庭塑造的，用什么样的方式来对待你，很多时候真的不是他自己完全可以决定的。

在这里，我们甚至可以用"注定"这个词。这是一个有着宿命论意味的词，但它也是科学的。"注定"的意思是说，你面对的这个人之所以是现在的样子，一半是因为遗传，比如他的暴躁或者焦虑或者悲观是基因里就有的；另一半是因为养育环境，从他出生到十几岁，他在哪里长大，他接受了怎样的文化，他的父母是谁，他从父母身上感受到什么潜意识，乃至家族中的潜意识的代际传递，一些很深重很久远的创伤，共同塑造了你现在面对的这个人。

另外，我们在关系里要有成长，还需要尝试去看看自己的问题，看看自己是不是也有不足。就像前面提到的来访者一样，她能够看到自己和丈夫在对女儿表达时是有问题的，这就是一种成长。

毕竟，在关系里追求完美，如果只是追求对方的完美，而不追求自己的完美，这是不公平的。

我们在关系中去苛求对方，只会让对方觉得你看不到我的努力，无论我做得多好，你都只关注我做得不好的那些地方。所以，当我的来访者讲到自己的伴侣有很多问题时，我会对她们说，你说的这些问题我都知道了，除了这些问题之外，他在婚姻中究竟有没有他存在的价值？

来访者在思考之后，有的说是陪伴，有的说是安全感，有的说是金钱。

于是我会接着说，这些价值是你承认的，那你可以再想一想，这些价值对你而言重要吗？你需要这些价值吗？他有在某些部分满足你吗？我会告诉她们，如果你的回答是肯定的，那你就应该给他一些分值，不要因为他在某些方面无法满足你，你就给他打零分。不要奢望他能做个一百分的伴侣，满足你所有的要求。

当你能这样去理解的时候，你就开始进行内在整合了。

所以，我们要经常在脑海里做这样的练习。当你陷入强烈的指责或者对对方全然否定的时候，去想一想，他有没有一些做得好的事情？有没有一些建设性的成就？然后把它板块化，该加分的加分，该减分的减分。只要你愿意尝试这样做，你在当下就会变得不一样。这种方法可以帮助你从追求完美的偏执中走向接受有好有坏的人生，接受不那么完美的伴侣，接受不那么完美的关系。

三

亲密关系中有一个难题，就是我们很容易一直停留在婴儿的心理状态中，要求对方像妈妈一样满足我们的所有需求。可是，不管是男性还是女性，都希望在关系中获得平等。如果我们一会儿将对方投射成爸爸，一会儿将对方投射成妈妈，就偏离了这种平等。

当然，我不是说要完全避免将对方当作父亲或者母亲。其实，将对方当作父亲或者母亲，渴望被呵护，本来就是亲密关系中很常见的需求。我所强调的是，如果在一种关系里，你永远将对方当作父亲或母亲，而你永远都是孩子，对方就没办法在你身上找到父亲或母亲的感觉。

所以，**在关系中要学会时时换位。当对方脆弱的时候，你去抱持他，做他的妈妈，容忍他的失误和不足；当你脆弱的时候，对方也能同样抱持你。这就是互相接纳。**只有这样，我们的心理能量才能维持良性的循环，我给你一些，你产生更多的能量，然后你再给我一些，互相滋养。而不是一个人不断地向另一个人要，然后谁有哪一次没给到对方，就被对方完全否定。生活中，有很多人就是因为有这种错误的认知，所以没有办法建立长久的亲密关系。

那么，如果你在关系里一直处在被要求的状态，该怎么办呢？我的建议是，你需要去跟对方好好谈一谈。你可以去问问他：你是不是总把我当成你妈妈？你可以和他说，你的心理能量其实是不够的，你也需要被滋养。这种沟通会带来一个契机，让你和他可以一起去面对问题。

尽管面对问题并不意味着马上就能改变，但只要能够去谈论、去思考，就有可能有一种领悟。做一个成年人，一个整合的人，而不是一直做一个偏执的小孩去追求完美，这是建立幸福的两性关系的一个秘诀。内在的动力改变了，行为自然就会改变，关系流动的方式就会改变，那么我们在关系里就会越来越成熟。

亲密关系中的强迫性重复

　　如果你在关系里总是体验到挫败，比如总是找到对自己比较苛刻的人，或者总是找到没办法心平气和地跟你交流的人，或者总是找到那种兴趣爱好和自己完全不一致，最后彼此好像是生活在两个世界的人……不管是以上哪一种，你可能都陷入了一种亲密关系中的强迫性重复。

一

　　强迫性重复是心理学中的一个概念，指的是我们的潜意识会把原生家庭核心关系中的一种模式无声无息地带到我们当下的生活中。

　　比如，有的人结婚后会发现，丈夫就像自己的妈妈一样爱唠叨，她会抱怨：我的丈夫怎么跟我妈妈这么像，特别喜欢管我、控制我，让我很痛苦。其实，这背后是强迫性重复的力量，是她的潜意识把她过去跟妈妈的互动模式带到了后来的亲密关系中。

潜意识为什么会这么做呢？我们为什么要去强迫性重复这个部分？这是因为我们很难与过去分离。

妻子之所以抱怨丈夫像妈妈一样唠叨，其实是因为她自己无法与母亲分离，所以她的潜意识通过这种方式将一个变了身的"妈妈"放在她成年后的生活里。虽然她跟妈妈可能不在一个城市，甚至妈妈已经离开了，但是当她有一个像妈妈一样唠叨的先生，她在与先生的互动里体验到很多和原生家庭相似的感觉时，她会感到很熟悉，而熟悉会让人觉得安全。

再比如，我的一位朋友，她的原生家庭里充满争吵。所以，当她面对自己比较平静的婚姻生活时，她反而有些惶恐，总觉得好像少了点什么。我问她为什么感到惶恐，她说，如果先生跟她吵架，她是知道怎么应对的，因为从小父母就吵架，她非常清楚如果跟对方吵起来，应该怎么回应对方，怎么攻击对方。原生家庭里的争吵已经帮她练就了一身本领，让她产生条件反射了。所以，吵架的婚姻虽然看起来很糟糕，但对她来说似乎反而有一种安全感。平静的婚姻生活之所以让她惶恐，就是因为她没有体验过不吵架的婚姻，无法安放自己的位置。后来她自己意识到，在这种心理的驱动下，她会主动找先生的碴儿，等对方上钩。两个人开始吵起来，吵完之后，她心里就踏实了，因为她又一次体验到了熟悉的感觉。

这就是强迫性重复发生的机制，类似过去场景的事情，哪

怕是不好的，但因为是熟悉的、可控的，反而会吸引人不停地去重复。

二

有时候，强迫性重复可能会以另一种形式来表现，就是与过去的模式完全相反的另一个极端的模式。

我有一个来访者，她小时候一直生活在父母争吵得非常厉害的环境里，父母常发生肢体冲撞，家庭氛围可以说是剑拔弩张、你死我活的。可想而知，这些场景深深地烙印在她的脑海里。

所以，她长大后就告诉自己，一定不要找一个会跟自己吵架的人。于是，她找了一个凡事对她顺从的先生。可是结婚几年后，他们分开了。来做心理咨询的时候，她说，分手的原因可能恰恰是生活太平淡了。对方是一个完全与人隔离的人，隔离自己的需求，隔离自己的感受。无论她在家里做什么，对方都没有什么反应，就是一切都好。这让她觉得非常孤独和寂寞，两个人之间没有任何交互，没有张力，婚姻很快进入一个死气沉沉的状态。

仔细分析这位来访者的模式，不难发现，表面上，她摆脱了强迫性重复，但实际上，这是她偏执地要走到强迫性重复的反面所导致的结果，所以这仍然是受到强迫性重复影响的一种类似宿命的结局。

三

讲到这里，你可能会觉得强迫性重复是不好的。并不是这样，有时候，强迫性重复也有积极作用。

我继续讲前面那位来访者的例子，她结束了第一段完全没有争吵的婚姻后，再次结婚了。有时候，第二任丈夫会有攻击性，会控制她、否定她，有时他们会发生争执。她告诉我，每当发生冲突的时候，她就感觉这个氛围跟自己原生家庭的氛围很像，于是她就提醒自己：我不能让夫妻之间的争吵演变成父母之间争吵的样子。

在这里，我们看到了强迫性重复的积极作用，就是我们创造了一个类似的情境，但是这一次，我们比孩提时代要更有力量，更成熟。当我们还是孩子的时候，我们没有办法去改变父母之间的关系，很多时候是无力地、被动地被卷入关系里，非常痛苦。现在我们有觉察、有力量，能表达了，我们就可以进入这个情境去做一些调整，让这个情境既和过去相似，又不完全相同。

当我的来访者能够和爱吵架的先生吵归吵，但是吵到最后，能理性地沟通，彼此妥协时，她其实就超越了她的父亲和母亲。所以，这是强迫性重复的一个积极意义。

我的另一位来访者也有类似的体验。她的父亲是一个很苛刻的人，总是对她非常挑剔，她从小就没法对父亲表达抗议，不能告诉他，我很愤怒，你对我提的要求太高了，你伤害了我，等等。女儿没有办法跟父亲表达，但是她强迫性重复地找了一个和她父亲很像的先生。她的先生也会对她提要求，也会挑剔她，不同的是，她会跟先生吵，摔东西，恶语相向，甚至离家出走，而她的先生能够接住她这个反应，他们之间的关系并没有被破坏。尽管这个关系里有争吵，有痛苦的部分，但它给我的来访者带来的不全然是痛，对从小没有自我的她来说，这个关系是具有积极的修复作用的。

四

其实，上面这两个具有积极意义的强迫性重复并不是个例，**很多时候，我们在关系里之所以要一直进行强迫性重复，是因为我们的潜意识在等待某个时间点，让我们有能力去改变。**

就像我在咨询里对来访者说的，你总是希望这一次你会不一样，其实就是当你去扮演你的父亲或母亲的角色时，你希望你能够做得比他们更好。如果你能够跨越这个部分，你就超越了他们，这种超越其实是回到以前去疗愈童年的你，帮助曾经的那个自己。虽然我们不能改变过去，但是我们塑造出一个和过去相似的关系模型，在这段关系里去做改变，从某种意义上说，也等于改变了过去。

为什么付出越多，
离爱越远？

有时候，我们会有一种错觉，认为爱就是对对方好。其实，亲密关系中的爱不是对对方好，而是你所做的让对方感觉好。这是完全不同的两个概念。

大家都知道一句话：有一种冷叫你妈觉得你冷。穿不穿秋裤是你自己的决定，冷不冷也是你自己的感觉，但是因为妈妈觉得你得穿上秋裤，你才不会冷，所以妈妈做了一件事情，就是她否定了你作为个体的感知能力，把她自己的感觉和焦虑强加在你身上。妈妈的一连串操作已经让她的爱改变了含义，这种"为你好"的爱会让被迫要穿秋裤的这个人很不舒服。

所以，爱不是让你自己觉得舒服，如果爱是付出，那么这个付出应该达到让对方舒服的效果，才是有意义的。

我不是说两性关系里只能做出让对方舒服的付出，而不能做一些让自己舒服的事情。你当然可以在关系里去做令你自己舒服的事情，甚至只做令你自己舒服的事情，但不要把它定义为"我是为你付出"，因为"为你付出"必须要让对方觉得好。

一

两性之间的冲突，很多都是因为对"付出""为你好"的理解有所差异而产生的。比如，妻子在丈夫晚上出门聚餐的时候一再叮嘱丈夫，你必须早点回来，路上小心，少喝点酒；还有，天气转凉了，为什么不加件外套？这些话原本是充满关爱的话语，但是丈夫听到后，整个人可能会紧绷、愤怒，甚至失控，对妻子说：你不要这么啰唆！我又不是三岁的小孩，你怎么每次都这么管我？你真让人讨厌！然后也不加件外套，就夺门而出。

那么，妻子的感觉就是：我付出为什么被你这样对待？太糟了，你根本就不爱我！但妻子说这些话真的是付出吗？她的确不是在让丈夫感觉好，而是让自己感觉好。

为什么丈夫会有这么强烈的反应？一种可能是妻子一贯就是一个非常焦虑的控制感极强的人，她不能接受生活中的事情有一丝一毫偏差，这让丈夫在婚姻中一直神经紧绷，感到压抑和拘束。

还有一种可能是妻子没什么问题，但是丈夫的原生家庭里有喜欢控制人并且非常强势的妈妈。之前妈妈也是这样对他的：你必须要穿上这件外套，或者你出门不可以喝酒……这种控制可能是一种压倒性的、吞噬性的强迫。所以，当妻子用相似的语气说出相似的话时，丈夫一下子就掉进了他和妈妈的关系模型里，产生了非常糟糕的感觉，本能地想要还击，等于"我被打了一拳之后，顾不了那么多了，必须要打回你一拳"。丈夫意识到自己可能反应过激了，却也未必有勇气去承认自己的错误，当下的伤害就造成了。

不管是上面哪种可能，既然丈夫听到这些话的反应是不好的，那么我们就不能站在妻子的角度，非常坦然地说"这是为你好"。

二

还有一种情况是，有些人就想去做一些不靠谱的事情，在潜意识中就想要去追求生活中的不好，想要搞砸一些事情才舒服。如果你在这个时候过多地阻止他，想帮助他，那你可能不但得不到他的感谢，还会被他当作敌人。

心理学上有一个概念——俄狄浦斯冲突，它在我们每个人身上可能都存在。比如，我们在潜意识里觉得不能超越父母太多，如果父母过得不好，我们就不能过得太好，如果我们过得太好，我们就会有内疚感。

比如，一个男人在做生意的时候，明知道不应该去冒险，这样生意很可能会被搞砸，但你会看到，他不知道是得了失心疯还是怎么回事，就是要把事情往高风险的方向去操作。妻子非常替丈夫担忧，想帮助他规避事业上的风险，苦口婆心地去说服丈夫，但是丈夫会推开，会拒绝。

这种情况可能就是这个男人内心的俄狄浦斯冲突导致的，他没有办法接受自己比父亲还要成功，如果超越父亲太多，他就觉得自己会受到惩罚，或者说会背负强烈的内疚感。所以，他的潜意识推动他去把事情搞砸。这是他跟自己的一种较量。

介绍这个概念是想说明，在这种情况下，妻子苦口婆心地劝说丈夫，可能会将丈夫推得更远，因为她所做的、所说的不是丈夫想要的。这和反感"妈妈觉得我冷"是一样的。做儿子的觉得今天我不穿这条秋裤出门很舒服，即使我感冒了，也无所谓，因为这是我的自由，我是一个独立的个体。同样，丈夫也是一个独立的个体，他心中定义的"好不好"跟你心中定义的"好不好"是不同的，你认为不好的事情，在他的潜意识里恰恰就是他想追求的"好"。

如果我们能够理解到这个程度，我们可能就会减少在爱里的自以为是的付出，而去努力理解对方，了解对方内心的感受。**理解和共情才是更高级别的爱，而不是仅仅停留在帮助对方解决现实生活层面的问题上。**

三

为什么有的人就是那么愿意付出，付出到一种感动自己的地步？除了爱，这种付出背后还有什么动力呢？

曾经有一个男明星，不管他在哪里拍戏，他妈妈都跑到剧组去给他做饭，说儿子这个吃不惯，那个吃不惯。妈妈还在综艺节目里接受采访，帮儿子征婚。可是，说到未来儿媳的标准，她提出了一大堆条件。

这个节目引起网友热议，因为大家都能看出来，儿子并不享受妈妈的付出，而他之所以找不到另一半，可能正是因为不管他带什么样的女朋友回家，妈妈都会认为这个女生做得不如她好。妈妈的付出实际上阻碍了他的成长，阻碍了他迈向人生的下一个阶段。

妈妈的付出更多的是为了满足自己的需求，她需要做一个这样的妈妈。其实儿子已经表明自己完全可以吃剧组的饭菜，并不需要妈妈跑到剧组给他做饭，但是妈妈深深地为自己感动，看不到儿子真实的心情。

有的人在关系里做各种付出并不是为了让对方好，让对方感觉舒服，而是因为他要活在一个付出者的感觉里才舒服。

两性关系里，这种不管对方真实的需求，只管感动自己的付出，只会将对方推得更远，因为这种付出可能是另一种心理控制。

一个付出者很容易理直气壮地去要求对方，潜台词就是：我都这样为你付出了，你不应该回报我吗？当你觉得你做的比他多十倍时，你就会觉得，他回报你十分之一，这是很正常的。但其实这个逻辑是有问题的，因为你做得再多，也是你自己的选择，你不能因为自己单方面的选择而去操控对方。

所以，这就是我们一直在强调的人与人之间的界限问题。我们可以去跟对方沟通——我希望你怎样做，通过这种方式调整彼此的关系，让关系变得让双方都满意。但不能用付出作为手段去要挟对方，认为既然我付出了，那我甚至不需要和你商量，你就必须要达到我的要求。这种感觉就变味了，这会让对方觉得你强行用了一种超额付出的方法对他进行一种控制，这样的付出在他看来就不再是爱，而是一种吞噬，那么他当然会离你远远的。

最奢侈的事是有人和你谈心

在关系里，很多人的真实需求是"找一个人处理我的感受，而不只是处理我的事情"。

很多人内心会有这样的抱怨：我所拥有的关系并不能真的满足我。

无论是父母和自己的关系，还是男（女）朋友和自己的关系，抑或是伴侣和自己的关系，都是如此。

有时候，抱怨的那个人会被对方愤怒地顶回来：我帮你处理了这个问题，解决了那个问题，我付出了那么多，你到底还有什么不满意？

在关系里，表达不满足的人常常会被认为很"作"，或者很麻烦，甚至被认为不懂得珍惜，不知好歹。

可是，这种不满足感其实是一种绕不过去的真实存在的痛苦，因为他的真实需求是"**找一个人处理我的感受，而不只是处**

理我的事情"。

一

拥有一个能处理你的感受，而不只是处理你的事情的人，不是一件容易的事。

有不少来访者跟我说，自己的另一半从来不和自己谈感受，只谈事情，结果就是"除了讨论孩子的事情、老人的安排和买房子还房贷的事情，我们什么都不说"。

也有来访者说，自己从不在另一半面前谈感受："我只能谈事情，谈感受就不知道怎么开口说话了。"

我接待过一些出现了心理问题，因而不能上学，必须进行心理治疗的中学生，他们已经很久没有和自己最亲爱的父母聊过任何一句谈感受的话。

很长时间以来，父母开口说话的方式只有一种："你应该……"，或者"你必须……"。

在一些人的世界里，没有人温柔、关切地问一句：

你觉得怎么样？

你在想什么？

你在烦恼什么？

你在害怕什么？

如果关系里连关于感受的对话都没有，这样的关系能满足什么人呢？也许只能满足**"被物化""去心灵"**的人。

说得残酷一点，就是**这个人作为人的有思想、有灵魂、有感情的一面，在关系里的另一个人面前是死的，被对方看到的只是这个人成为目标的功能性的一面，那就是工具，没有生命的物体。**

二

我们之所以渴望和对方谈感受，是因为我们想在关系中和对方产生一种内心连接。那么，为什么获得这种内心连接会这么难？

这是因为谈感受不会只停留在开心的一面，一定会涉及脆弱难过、无助无力的一面，而有时我们很难去跟对方表达我们内在的负面部分，因为那样会引发我们的羞耻感。

举个例子，妻子哄小孩睡觉之后，想和丈夫聊聊天，她开口的时候可能用的是带着抱怨的语气，说你这几天都不在家，你不知道小孩有多难搞，我希望你能够早一点回来。妻子以这样的方式开口，可能就会引起丈夫的反弹，丈夫会说，我也很忙，也很累，你没看到我压力也很大吗？！如果我们去分析妻子的表达和丈夫的表达，就会明白妻子只是想告诉丈夫：我很累，我觉得有些难以为继。如果再往深一层讲，她可能想要告诉丈夫：我觉得我不是一个足够好的妈妈，我觉得我很失败，我担心自己没有办法给孩子提供很好的养育，我对此有深深的焦虑和忧郁。妻子想表达的可能是这个意思。

可是，这些话被丈夫听到耳朵里，就变成了一种责怪，甚至是索取：你应该多陪我，你应该早点回来，你应该更爱我，等等。丈夫觉得好像要被吞噬，被控制，想要逃离，所以他可能会把这种不舒服的感觉反弹回去，要么和妻子吵一架，要么冷漠地不予理睬。如果类似的场景多次出现，妻子就只能被迫压抑自己谈心的欲望了。

如果你是这位妻子，你想要和对方谈感受，就要用更坦诚的态度去表达，而不要用付出者的姿态或者索取者的姿态去说。只有当你能够克服表达负面感受的那种羞耻感，能够去接纳自己的无力时，你才能够将自己的困难，以及那些负面的能量、状态、情绪呈现给对方。

三

我不认为婚姻中两个人无法谈心，是因为感情淡了。我见过很多来访者，他们和咨询师是第一次见面，第一次见一个陌生人，甚至隔着电脑在视频连线，他们都会哭得稀里哗啦。因为在那一刻，他们觉得自己的心和咨询师贴得很近。

为什么来访者在咨询师面前可以敞开心扉，释放负面情绪，讲出所有困扰，包括觉得自己是不够好的家长，或者袒露内心的自卑，好像一个人在荒漠中独自前行，等等？这是因为他处于一个被倾听和得到共情的环境里，咨询师是很好的容器，可以接住他的负面情绪。

　　所以，我们在关系中除了要敢于向对方直接表达感受，也要学会把自己变成一个容器，更多地承接对方的感受。

　　婚姻中的两个人都不再谈感受，往往是因为一方谈感受，另一方不愿意听，或者总是错误地回应，久而久之，一方就不想说了。为什么我在说，你却没有听？这里面的原因其实很多，不能简单地归因于你曾经很爱我，现在不爱我了。可能是因为你的抱怨那么多，对方觉得他解决不了，你的失败也映衬出了他的失败，对方比你更无力去面对。

　　我们理解了这一点，就不会动不动就伤感地认为对方不爱我们了，就会愿意朝着改变的方向去努力。

　　有时候，我们活在一个不那么有滋养作用的关系里，就会不自觉地认为对方变了，或者认为对方很冷漠，或者觉得对方不懂感情。其实这些想法可能都是错的，只因彼此之间还没有打开一条能够谈心的渠道。

　　要相信，每一个人内心都有着很柔软的想要被对方共情，也想要去跟对方共振的需求。我们想要成长，想要拥有好的亲密关系，就要学会找到对方这个柔软的部分，真诚地、坦率地、直接地表达感受。一旦这样的关系流动起来，对方也会开始这样做，他会觉得你也能接住那个不那么好的他。

好的关系能够
接住彼此的坏脾气

发脾气可能是在表达爱。如果我们跟一个人不亲近，肯定不会去对他发脾气。

一

大多数时候，我们在社交关系中，在正式场合，在朋友圈里，可能都是彬彬有礼、热情懂事的人，是遵纪守法的好公民。唯有在亲近的人面前会卸下心防，暴露出真实的自己，可能是任性的、暴躁的、不讲道理的。所以，如果一个人能够在你面前发脾气，或者你能够在他面前发脾气，而关系又没有破裂，那么这意味着你们关系的亲密度还是挺高的。

我有一个温文尔雅的女性朋友，她的父亲是一个非常严苛的爸爸，对她和她妹妹严加管教，期待也很高，所以她长大之后非常优秀。她在媒体行业工作，人长得很美，婚姻也很幸福，婚后生了两个孩子。最重要的是，她几乎从来不对别人发脾气，和先生也沟通得非常好，两人很少为鸡毛蒜皮的小事吵架。

但是有一次，他们准备带孩子去野营，在准备东西的环节，她和先生发生了一些分歧。当时先生可能比较坚持己见，我朋友不知怎么回事，也不妥协，最后突然歇斯底里地大喊大叫，把先生都吓到了，因为他从来没见过她这个样子。

我朋友告诉我，在歇斯底里地发作之后，她整个人好像都通畅了，能够放松下来。她跟我讲这段话的时候哭了，她说自己长这么大，都没有办法突破乖女孩的人设，父亲是绝对不允许她这样的：你就应该讲道理，你就应该懂礼貌，你就应该好好表达，就算有分歧，也应该求同存异。她父亲那里有太多的"应该"和"不应该"。

但是，在与先生相处的长期关系里，她在潜意识里慢慢感觉到先生不同于她父亲，先生不仅有跟她父亲一样正直、有教养的一面，而且接受负面情绪的能力比她父亲要强，所以她终于有一天可以在先生面前歇斯底里地爆发一次。当时她的先生没有嫌弃她，没有批判她，只是轻轻地抱住了她，然后拍了拍她的背，没有再说什么。

在这个事例里，我的朋友发脾气，恰恰说明了她和丈夫之间的亲密，以及她对丈夫的信任。而她的丈夫也是一个有智慧的人，看到妻子歇斯底里地爆发，还能够如此平静。我想也许先生明白妻子的情绪并不是针对他。

二

我们必须了解，并不是所有人都能够像我朋友的先生这样有智慧和抱持力，明白发脾气可能意味着亲密和信任。

毕竟，做到这一点对很多人而言都是非常困难的事情。

因为在对方发脾气的当下，我们往往会觉得非常难受，会不由自主地去做一件事情，就是把对方的脾气跟自己挂钩，认为对方的愤怒和攻击是针对我们，我们就会相应地进行还击。怎样才能慢慢避免这种条件反射式的还击呢？主要还是要学会理解对方发脾气的行为背后的真正原因。

从心理学的角度来讲，一个人在攻击你的时候，往往是在对他自己进行攻击；一个人在嫌弃你的时候，有可能是把对他自己的嫌弃投射到你身上。

还有一种可能，一个人发脾气的时候，有可能只是在强迫性重复他原生家庭中的父母那种总发脾气的表达方式，而这一次，他在潜意识里可能希望你能够和他的父母不一样，你们能够创造不一样的夫妻关系。针对这个改变，他自己很无力，他只是在重复，而将改变的期待放在了你身上。

举个例子，在你丈夫小时候，他妈妈经常和他爸爸吵架，而每一次爸爸对妈妈发脾气，妈妈都会针锋相对，然后像个受害者一样默默地哭泣或者抱怨。所以，你的丈夫就在和你的关系中强迫性重复了他爸爸的模式，其实他做这种重复是在潜意识里渴望妻子能够看到他内在的焦灼，帮助他去改写曾经的故事。如果妻子在丈夫发了一通脾气之后，还能对他说"你是不是心里有什么烦恼？"，或者比较理性地去跟丈夫讨论，帮助他消除内心的一些焦虑或是压力，那么妻子的做法就完全超越了丈夫的父母，这个模式就超越了丈夫原生家庭的模式。

三

人与人的关系里，出现坏情绪是很常见的，我们自己接不住的时候，就会把坏情绪扔给对方，然后对方接不住的时候，又会扔回来。这种扔来扔去到什么时候才能停止呢？到有一个人可以接住坏情绪，并且消化它，再把它还给另一个人的时候，这个过程就可以停下来了。

"接住坏情绪，把它消化掉"，这句话是什么意思呢？

举个例子，孩子摔了一跤觉得很疼，妈妈走过来帮孩子拍拍身上的土，然后说"你摔了一跤，很疼是不是，还有点害怕，没关系，妈妈抱一下，下次走路小心一点，可能就不会摔跤了"。这么简单的对话其实就是妈妈在接住孩子的坏情绪，妈妈在自己人格的支撑下把这个坏情绪消化掉了，而不是暴怒并指责孩子，将摔跤引发的坏情绪又扔给孩子。

伴随着孩子的成长过程，妈妈和孩子之间进行这种互动，能让孩子习得处理情绪的能力。而两性关系中很大的一个问题就是，我们都是孩子，我们都没有一个能够帮助我们消化情绪的"妈妈"，而我们又非常渴望在关系中找到一个新的理想"妈妈"，所以我们会发脾气。

因此，当对方对你发脾气的时候，你要能去理解对方不是针对你，不是因为你不够好，也不是因为他不爱你，他很可能是在对自己发脾气。

可能是因为他在工作中遇到了一些问题，或者他觉得自己达不到你的期待。比如，他在忙工作，就不能照顾家庭，或者他在对孩子的教育上也没有更好的方法，他解决不了生活中婆媳之间的矛盾，还有他自己的很多难题，包括中年危机、俄狄浦斯冲突等等。当他对自己有很多攻击，然后两个人因为一些生活琐事而发生争吵的时候，他就会把这份攻击自然而然地扔给你。

如果我们可以意识到别人对我们发脾气或者说一些负面的话，并不是因为我们很差，我们就能稳住自我认知。当我们的自我价值比较稳定的时候，我们就能够腾出两只手去接住对方，尝试着在某些时刻做对方情绪上需要的那个"妈妈"，帮对方去消化负面的东西，去理解他、安抚他，去告诉他没有关系。而对方也在这个过程中获得了不一样的体验。当然，这是相互的，对方慢慢也会学会这样跟你沟通。

当我们去理解、去看到这个部分时，我们就完成了"心智化"。心智化是一种能力，意味着能共情和理解自己，也能共情和理解他人。我们的心智化能力越强，我们就越快乐，我们在两性关系中的情感流动就越顺畅。

允许自己舒服，
才能让别人舒服

一个没法让自己舒服的人并不真的拥有让别人舒服的能力。

当我们自己的心理能量比较高的时候，我们才能够拥有在关系中令对方舒服的能力。我们一边消耗自己，一边令对方舒服的那种状态是很危险的。

第一，你可能会因此抑郁，或是进入一个表面上看起来很好，但其实难以为继的状态。

第二，你会觉得对方欠你的，你迟早会向他要回来，而要回来的时候，你们可能就会爆发更大的冲突。

所以，不允许自己舒服，用消耗自己的方式来让别人舒服，其实是很难让别人舒服的。

一

　　为什么很多人会用这种消耗自己，把自己变成付出者的方式去让对方舒服呢？这是因为他们通常不具备令自己舒服的能力，他们只有在把自己弄得很苦、很惨、很不舒服的前提下，才会去跟对方提一些要求。

　　我有一个来访者，从十几岁到三十几岁常年生病，我和他一起分析生病的原因。我发现他的潜意识的运作模式是，如果他不是处于一个病倒的状态，他就必须要去替父亲还债，去照顾他的弟弟，去听妈妈的唠叨，或是要去解决家庭里所有那些父母解决不了的问题。所以，他的潜意识在用生病来帮他拒绝那些他无力承受的事情。

　　当他实在没有办法病倒时，他甚至会从楼梯上摔下去，把自己的腿摔断。可以说，他的疾病是他自己制造出来的。

　　这当然是一个有点极端的例子，但它所反映的问题是真实存在的——那些在家庭中没有被关爱的孩子可能会被父母要求成为付出者。而这些付出者在两性关系中很难把自己搞舒服，因为他们会不由自主地进入一种潜意识的循环：我要让自己很惨，才能够心安理得地让你对我好。

　　应该说，我们身边这种不让自己舒服的人是很多的，这与我们的文化传统、集体无意识是有关系的。很长一段时间以来，男尊女卑的社会观念使得女性在很小的时候就意识到自己好像必须要有价值，否则就是一个多余的人。

即使是在一些独生子女家庭，父母对男孩也有一种谜之渴望，希望孩子即使是女孩，也要像男孩一样优秀，甚至要比男孩更优秀。所以，从一出生，女孩就被父母寄予了极高的期望。

无论我说的是哪一种境况的女孩，她们都没有办法心安理得地让自己舒服，而可能需要在学习上或者在生活上把自己弄得很累，以便让父母看到，其实我已经尽力了，我的能量已经耗竭了，你可不可以减少对我的要求，或者多给我一点爱和关注。

所以，最后大多数女性都把自己变成了那种只有成为受害者，才能够得到他人的关爱或者得到某种资源的人，不敢坦然地满足自己。

二

中国传统的儒家思想也对我们的心理造成了强烈的影响。孔融让梨，先人后己、不可以自私等集体无意识从我们的祖辈那里一代代地传下来。

不能说这些传统是错的，但如果发展到极端无我，就会出现问题。实际上，孔融所代表的就是超我太大的那类人。我们都知道，超我是更具有道德感的，更无私的，想成为社会的楷模；而本我就是我饿了就要吃，我有欲望就要去满足自己。如果我在所有事情上都要先令别人舒服，将自己放后，那这个本我的部分就始终处在一个很委屈的不被满足而被压抑的状态。

从心理学的角度来说，超我太大，本我太小，超我完全把本我给压下去，心理就会出问题，就会生病。因为这会导致这个人认为自己所有本我的欲望都是错的，他会对自己进行很严格的道德审判，而这个审判会变成对自己的攻击，时间长了，就会抑郁。另外，一个人的欲望被严重压抑之后，可能也会出现一些神经性的问题，甚至出现一些身心疾病。

三

我们怎样才能慢慢变成可以允许自己舒服的人呢？

我们需要一些内在的对话：

告诉自己，让自己舒服不是一种自私。绝对纯粹的无私的状态是不可能存在的，因为每个人的本性都是把自己放在第一位。

告诉自己，一个没法让自己舒服的人并不真的拥有让别人舒服的能力。我们从小就听孔融让梨的故事，如果人人都是孔融，那可能人人都没办法舒服，都会很压抑。

让我们成为一个可以满足自己内在需求的大人。比如，给自己点一份比较丰盛的午餐，去光顾一家一直想去却又觉得太贵的商店，去买一件总觉得自己不配得到的很华丽的衣服，等等。这些都是对自我的一种满足。

我们确实需要尝试着去做一些这样的行为训练，然后去体验这些行为训练背后的感受是什么。

有的来访者跟我反馈他的感受是觉得很惭愧，说他把这些东西买回来之后，有一种很不舒服的感觉，好像他和这些东西是不匹配的，他内心会有一个声音指责他不应该买这么贵的东西给自己。通常我会引导来访者去辨别这个内在声音究竟是谁发出的，每一次我得到的答案都是：这个声音并不是来访者自己发出的。

在这样的提问和回答的过程中，最后来访者明白了：这种强烈的不能让自己舒服的声音其实不是来源于自己，而是来源于内在的客体，也就是内在的妈妈或者爸爸。这个声音会伴随他一直到老，不管他是月薪两万还是五万，他可能都会为满足自己而觉得羞愧，因为他仍然在等待内在父母的允许。

允许自己舒服，也意味着要克服俄狄浦斯冲突。假如我们的父母自己就很苦，那么他们可能会觉得孩子也应该很苦，苦就是生活中的常态。父母离"舒服"这两个字很远，如果我们把自己搞得太舒服，就超越了父母，甚至背叛了父母，那么我们就会觉得内疚，或者觉得会受到惩罚。

所以，让自己舒服是一种本领，是一种内心的成长。如果你是一个能让自己舒服的人，我想很大程度上你已经完成了与父母的分离，你能够冲破俄狄浦斯冲突，让自己过得比他们好，甚至好很多。

当我们在关系中不再去依赖外界的允许和给予时，我们也就不再被动，就能获得心理能量的滋养。那么，我们当然也拥有了一种将快乐传递，将温暖传递，将力量传递的能力。当我们对自己如此理解和接纳的时候，我们为什么不能对他人去理解和接纳呢？所以，我们对别人也相应地有了更多的理解和接纳的空间，这也就意味着我们拥有了让别人舒服的能力。

只有足够优秀，
才配得到爱吗？

世界上并没有全然优秀的人。当我们明白了这一点，我们就知道怎样去改变自己在关系里关于优秀的强迫心理。

一

有一些人总是在内心深处认为自己不配得到爱，理由是觉得自己不够优秀。我想他们内心深处可能有一种"我只有足够优秀，才配得到爱"的信念。产生这样的信念，其实与原生家庭的养育模式有关。

有一位朋友曾经给我留言，说他小时候觉得父母给他的爱都是有条件的，只有当他能做到某件事情的时候，父母才会去满足他的要求。

如果考试考得好，父母就会比较开心，对他也比较热情。反之，则对他冷漠，甚至无视他。所以，他在潜意识中就认为得到爱的前提是要证明自己足够优秀。

在这样的养育模式下长大的人，成年后可能也会将亲密关系中的另一半当作父母去看待，因此自然也会认为伴侣对自己的爱是有条件的。

那么，我们究竟怎样才能避免这种意识，怎样才能消除这种在爱里的不配得感呢？

我们可以在关系中提醒自己：我和对方是平等的，不再像当年我和父母那样，我必须完全仰仗他们的给予。我在两性关系中是有选择权的，对方爱我并不完全是因为我优秀，爱情中其实没有太多评判条件，更多的是一种感觉，一种化学反应，一种互补的、说不清道不明的关系。

爱情的产生可能是因为你会令对方产生一些亲近感、熟悉感，这样对方就会对你产生特别的感觉。而不是像父母当年那样，把孩子的成绩和表现作为唯一的评判依据来决定今天是喜欢孩子还是冷落孩子。所以，伴侣关系与当年的亲子关系是全然不同的。

我想起一个例子，前段时间，大家都在热议微博上有个程序员征婚的事情。这位征婚的程序员说自己的年收入有170万元左右，他要求女方是江浙一带城市的独生女，面容姣好，将来能够多花时间照顾家庭和孩子，等等。其实，从社会角度来讲，程序员的挣钱能力很优异，对期望的另一半提出的具体要求也无可指摘。更何况从品性来看，这位征婚的男士也没有什么特别的问题。

可是，这样一则征婚启事为什么会引起网络群嘲呢？在我看来，这或许是因为他在征婚的文案中只表达出了自己拥有怎样的物质条件，期望对方拥有怎样的条件，而关于内在情感的部分却几乎没有表达，我们看不到这个人有着怎样的喜好或者情感，只看到了他外在的条件。

他以条件来衡量自己，也以条件来衡量对方，这和恋爱本来应该呈现出的那种坦诚与美好有太大的差距。

你究竟用怎样的体系来衡量你自己呢？你也可以问问自己。我想我们需要明白的一点是，无论采用怎样的标准来衡量自己，无论是否觉得自己优秀，我们在关系中都绝不仅仅是用条件与对方交换。要真正建立能够滋养内心的关系，建立能够流动交互的关系，无论是在婚姻中还是在恋爱中，一定要靠真实的人与人之间的碰撞。

不得不说，我们这种"不由自主地将自己标准化、模式化，然后对自己打分，看自己是不是优秀，并且觉得优秀了才值得被爱"的内在模式，很多时候是来源于我们小时候所受到的教育。

二

小时候，父母对孩子全方位要求和比较，也许是因为他们自己有着内在焦虑和压力。你的体育成绩好，父母就会要求你文化课也要好；你的文化课好了，他们又希望你其他方面也很好。所以，父母对孩子的要求不仅是高的，而且似乎是无穷无尽的。

在多子女家庭，很多时候，父母还会人为地制造一些竞争，让孩子奋发图强。父母常常会在几个孩子之间毫不避讳地对他们进行比较。即使是独生子女家庭，很多孩子也常常经历被父母拿来和别人家的孩子做对比的痛苦，而且父母似乎永远都是拿他们的弱项去跟别人的强项比。

这种教育只会让孩子不断加深"我不够优秀"的内在感觉，并不会激励孩子，让他变得更有动力。

它会在心理层面给孩子带来巨大的缺憾，因为孩子会透过父母的眼光看到那个自我意象。如果父母总是觉得孩子不好，孩子只会形成"我不够优秀，所以我永远不配得到最好的爱和最好的生活"的观念。

长大以后，这种观念会变成一种内在的声音，使孩子在亲密关系中产生一种不配得感。即使这个人拥有很好的条件，无论是外在的物质条件，还是内在修养，当亲密关系中的双方真诚面对彼此时，他内心深处仍然会觉得自己不配得到爱。

世界上并没有全然优秀的人，有的女性在事业上很优秀，但可能在厨艺和家务上不是很擅长；有的男性也许厨艺非常精湛，但是赚钱能力不一定很强。无论是哪一种情况，我们都不能去定义这个人是绝对糟糕的，或者绝对优秀的。

三

当我们明白了这一点，我们就知道怎样去改变自己在关系里关于优秀的强迫心理。我们可以尝试把自己的一些特质进行模块区分，比如我知道自己在某些方面是胜人一筹的，那么我就要充分肯定自己；而如果我在其他方面相对弱一点，我就尝试去接纳它，毕竟没有人在所有方面都优秀。

在亲密关系中，你会发现有时候对方喜欢你，恰恰就是因为你的优势可能是他的弱势。比如也许他能挣很多钱，但他在生活上有点无趣，而你可能赚钱能力弱一些，但你在生活上是能把日子过得很有意思的人，这就是很好的互补。如果两个人在所有条件上都势均力敌，也许反而很难建立起亲密关系。

我想起一部很好看的韩剧，名字叫《请回答1988》。女主角德善是家里的二女儿，一开始就被父母忽略，因为她的姐姐是一个学霸，而且是长女，姐姐完全占有了父母的关注和表扬。德善还有一个弟弟，也得到了父母的关注。虽然德善是那个夹在中间的有点多余的二女儿，但认真看过这部剧的人都会发现德善才是女主角。

她身上有姐姐所没有的特殊魅力，她是一个特别善良可爱的女孩子，还有一种随时随地能让别人开心的能力。因此，有两个很优秀的男孩都暗恋她，而邻居家的那些叔叔阿姨也都非常喜欢她。她简单、干净，给人一种天真烂漫的感觉，这些就是专属于她的性格底色，而这其实非常吸引人。如果你非要把她和她的姐姐放在一起比较，我觉得没有什么可比性，因为她们在不同的评价体系里各有千秋。

当我们认识到每个人都有优秀和不优秀的部分，而两个人是否相爱，其实与优秀与否无关时，我们就要多给予伴侣一些信任，以全新的姿态进入两性关系，而不是戴着有色眼镜去认为对方时时都在评判我们。

也许当我们这样转变观念时，我们就会发现，很多时候，我们低估了自己，也误会了对方。可能伴侣对你提出一些建议，并不是因为嫌弃你，而是为了保护你，是真的想让你感到舒服。

所有人在关系中最想得到的其实都是被共情、被理解、被看见。所谓的"优秀"只是现实层面的一个个条件，是浮于表面的。而两性关系中最核心的、最能够将你和对方牢牢粘在一起的东西，其实是你们彼此共情、理解和看见对方，你们的心灵有共振，你们互相给予对方心灵上的滋养。

人和人其实没有特别大的差异，很可能你的弱点和创伤也是对方的弱点和创伤。也许对方和你有着一样的体验，他才会和你亲近，才会和你在一起。

假如我们真切地感觉到自己被对方嫌弃，或者被对方讨厌、忽视，我们可以尝试跟对方沟通，去了解一下他内心究竟是不是像我们以为的那样。

只有放下先入为主的"我只有优秀，才能被爱"的观念，我们才能够真的在关系中敞开自己，让对方看见我们真实的自己。
我们也因此才能真的卸下防御和伪装，去看见真实的对方。这是
感情中最好的一种状态。

对自己负责才是最大的勇气

在现实生活中，我们无法做到完美，无法做到让所有人都开心。我们必须要有一个认知：我的命是我的，我自己的人生由我来决定。

一

只要我们在关系中，我们就会经历关系的开始，然后是关系的蜜月期、平淡期，然后是瓶颈期、困难期，之后是磨合期。当然，最后也许会迎来关系的结束。

当婚姻出了比较大的问题时，我们要思考，是继续和这个人待在婚姻中，还是结束这段婚姻，过另一种生活。

首先我们要意识到，做出"继续维持婚姻"或者"结束婚姻"的抉择，确实是很困难的，因为我们将要面对两个层面的问题：一是婚姻所带来的社会层面的问题，比如和家庭相关的经济利益问题；二是婚姻所连接的亲密关系的问题，包括我的自我、我和世界的关系、我的需求、我在感情中的状态等等。

我在咨询中遇到很多来访者，他们对自己长时间无法解决婚姻中的难题有着强烈的自责，因为他们觉得，如果认同社会主流观点，那么他们应该要么拥有一段非常好的婚姻，让大家都满意；要么能够果断地改变现状，很快地放弃婚姻，勇敢地走出去。

他们内心有很多预设或者说"应该"，所以当他们看到自己三年、五年甚至十年都处于一个不知道要怎么处理婚姻问题的状态，他们内心的自我攻击就会变得非常强。

其实，产生这样的自责是不必要的，因为做出这种抉择原本就是很困难的。

二

无论你做什么选择，只要你能够对你的选择负责就可以了。

当你的内在人格发展到可以对自己的选择负责的时候，无论你对关系或者婚姻做出怎样的选择，你都能体验到一种自由的感觉。你心里不会有那么多评判的声音，不会有那么多顾虑，你也不需要在每一个问题上都追求完美，然后才让自己做出选择。

所以，无论是接受婚姻糟糕的现状，继续待在婚姻里，还是非常有勇气地离开而不顾后果，这两种选择本身都没有问题。真正将我们困在其中，让我们非常难受的是我们内心的冲突，是那种总想让所有人都满意的执念。

想让所有人都满意，这不是一个对自己负责的态度。很多人在离婚的事情上犹豫不决：第一，他们希望父母满意，希望父母不要为自己的未来忧虑；第二，他们希望和伴侣好聚好散，和曾经的公婆或岳父岳母能够维持好的关系，不要撕破脸；第三，他们希望得到其他一些自己在意的人的认可，比如亲戚、密友、同事、领导；第四，可能也是最重要的一点，他们希望得到孩子的认同，希望孩子不被这件事情影响，仍然非常快乐和单纯。

当我们梳理这四条"希望"的时候，我们就能深刻地理解为什么很多人没有办法做出这个决定，因为他们还停留在要让所有人都满意的思考体系里。

怎样才能摆脱这种状况呢？唯一的办法就是告诉自己，在这个人生抉择上，要以自己为主。

我想引用热播电影《哪吒之魔童降世》来说明。哪吒降生的时候是一个魔童，所有人都认为他很坏，他也展现了人性恶的一面，但是最终他完成了巨大的蜕变，成为拯救一方百姓的英雄。在影片最后，他说出了一句让所有观众都难以忘记的话：我命由我不由天。

"天"是什么呢？其实"天"就是外部环境，就是我们身处的世界，就是纷繁复杂的关系，就是我的来访者想要满足的那四个方面的人。

在现实生活中，我们无法做到完美，无法做到让所有人都开心。我们必须要有一个认知：我的命是我的，我自己的人生由我

来决定。

在个人成长中对自己负责是指我们可能会面对很多生活中的逆境，包括我们自己的缺陷、他人的缺陷，我们在和他人维持关系的复杂局面下可能会到处碰壁，头破血流，但是我们内心有一个坚实的基础：这些负面的状况不会打倒我，我能够在喜忧参半的状态下继续勇敢地生活。

这可能是走过一段关系之后最大的收获，无论你认为之前的关系多么"狗血"，遇到的男人多"渣"，无论你跟配偶的纠缠是持续了10年还是20年，无论你现在是选择继续和他纠缠下去还是重新开始自己的人生，你至少都从中学到了"我可以对自己负责"。

三

最后，我想讲一个真实的故事。

有一个小女孩，她是家里的独生女。在很小的时候，她就清楚地看到父母在婚姻里非常痛苦。父母有时会很无奈，甚至悲伤地告诉她，如果不是因为她，他们早就离婚了。于是，这个小女孩就一直表现得特别优秀，从来不去麻烦父母，是那种"别人家的孩子"。她心里想的是，如果我很好，不让父母操心的话，也许父母会更快乐。

直到这个小女孩长到35岁，做了长达两年的心理咨询之后，她才告诉咨询师：她不只是想用自己的优秀来让父母更开心，而且她还感到非常恐惧，因为她觉得父母是勉为其难在做她的父母的，他们那么不开心，她总担心他们会离开。正是带着这种恐惧，她才不断地在关系中讨好父母，以至于将自己逼得很厉害。长大之后，她在很多方面也会逼自己，在各个领域都做得非常完美，好像她还是那个想要让父母留下的孩子。

咨询师对这个女性来访者说了一段话，让她非常受触动。咨询师说，你成为你父母的孩子不是你的错，是他们将你带到了这个世界上，自始至终你父母一直在告诉你，他们是为了你而不离婚，其实这都是因为他们无法对自己负责。当婚姻的局面变得很差时，他们又因为自己的局限而没有办法做出选择，所以他们将对生活的期待、对美好的追求都投射到你身上。他们以为如果孩子足够优秀，那么婚姻这个失败的局面就能够被挽回一些。

听了这番话，这个女性来访者对咨询师说："谢谢你，压在我心头35年的石头终于被移开了。我知道我不用再去背负父母的一生，不需要再强迫自己让他们快乐。"

我举这个例子是想说明，如果你是父母，当你能够对你的选择负责的时候，即使你的选择让你的家庭变成了破碎的家庭，你的孩子不能每天见到他的爸爸或者妈妈，这会给他的成长带来一定的影响，但这个影响是很明确的，伤口是看得见的。只要看得见，我们就可以修复这个伤口，让它愈合。

如果你不能对你的选择负责，把造成你的痛苦的责任推到孩子身上，那么这反而会给孩子带来很多看不见的、难以愈合的伤口。就像上面这个案例中的来访者，她背着沉重的石头走了三十几年。

　　只要能够对自己负责，那么无论做出什么选择，我们都可以很好地处理任何问题，因为我们不是要做出一个完美的选择，而是要将生活过成真实的、我们能够去消化和接受的状态。这就叫与生活和解。这会让我们进入一个内在和谐的状态，因为我们永远无法控制外在的波动。

心理练习：
关系中的觉察、共情和理解

一

　　运用内在的自我觉察去建立和维持关系，能让我们更好地理解自己和对方，减少很多误会，否则我们可能会按照内在的本能模式去运作，产生一些糟糕的感受和不明智的行为。

　　比如，我内心有很多对原生家庭的愤怒，那么我可能就会将这些愤怒投射到伴侣身上，当他对我表达出比较强烈的情绪时，我就会感觉像在面对我的原生家庭，从而产生愤怒和难过。

　　所以，我们要学会在关系中站在观察者的位置去觉察关系的真相。在心理学上，这叫作共情。共情对应的很重要的疗愈技术，叫作倾听以及理解。当我们把"共情""倾听""理解"这三个词放到关系中时，我们就会发现我们与对方之间似乎需要第三个人。就像有时候我们看到一对夫妻打得头破血流，关系已经没有退路，他们就需要找一个心理治疗师。这个治疗师就是第三个人。

治疗师所起的作用就是告诉丈夫，妻子的表达背后的意义是什么，她内心的动力是什么，她来自原生家庭的创伤是什么。反过来，治疗师也告诉妻子，丈夫真实的内心独白是什么，还有他意识不到的潜意识是什么。

当我们在关系中没有咨询师的时候，我们需要去练习让自己从内在的自我中脱离出来，以观察者的身份去看看两人之间究竟发生了什么。所以，我们要将"觉察"这两个字写在心里，锻炼自己的觉察能力。当我们的关系变得糟糕时，如果我们内心能出现这两个字，感受就会不同。

二

当你跟另一半发生争执，你越来越生气，你的语言开始变得很尖刻，充满了攻击性，对方也说了一些让你受伤甚至意想不到的话，你们之间好像要爆发一场可怕的战争，这时候有一种方法可以马上让冲突结束，这个方法就是共情。

首先，共情你自己。你可以尝试在心里默念：我可以看见我现在的感受。你练习过正念吗？正念是一种心理治疗方法，它意味着什么也不做，只是去观察自己当下的感受，这是正念的核心。要做到共情，首先要做到正念，看见自己的感受，然后抱持这个感受。就好比我有一个罐子，我把我生气的情绪装在里面，这就是抱持。然后我开始接受我在生气，并且清晰地告诉自己：

我看到我在生气。这就是共情。

接下来，去共情对方：现在他的感受是什么？你看得出来他也很生气，他也觉得很受伤，好像他也完全控制不了自己。那么，他内心发生了什么事？

也许我们不能很快回答这个问题，但是当我们看到对方也很生气、很受伤的时候，我们前面得出的那种"他伤害了我，所以我很生气"的结论可能就动摇了。那么，我们可以想一想，是不是我们说了什么，勾起对方难过的回忆，让他产生了无法忍受的感觉，才说出一些我们无法接受的话。

当你共情了自己，又共情了对方之后，你其实已经站在了一个观察者的位置，在你和对方之间营造出一个空间，使得原本没有空间可以容纳的愤怒的能量免于爆炸。

当然，共情自己、共情对方，一开始并不容易做到。但只要我们不断地提醒自己，不断地去尝试这样做，我们就会累积越来越多的正面感受，找到面对负面事件的方法。

三

除了觉察和共情，第三点就是理解。

理解就是我们要觉察到自己在关系中对对方的控制是不好的。在关系中，我们常常不自觉地控制着对方。期待有时也是一种控制，因为我们不能忍受期待破灭，当对方没有给出理想的回应时，我们就会觉得失控了。如果不管对方的回应是不是你所期待的，你都能够接受，那你就能避免冲突。

　　但没有足够的理解能力，是很难做到接受的。比如我们遇到一件负面且无法理解的事情，我们就无法接受它的存在。

　　为什么一个孩子突然看到惨烈的地震场面——很多房子倒了，很多人被压在房子下面，可能会出现非常严重的创伤反应，甚至发展成创伤后应激障碍？就是因为他无法理解发生了什么。如果孩子看到地震的可怕场面之后，妈妈能一一为他解释什么是地震，地震会造成什么后果，面对地震该怎么做，甚至如果妈妈能引导孩子去接受生活中总有某些事情是人们无法控制的，那么孩子失控的负面感受就会被消化掉，他就能够理解，从而能够接受已发生的事件。

四

　　我曾经看到过这样一句话：出了问题，你要学会面对它，接受它，处理它，放下它。很多时候，为什么我们做不到这四点？因为我们没有这个能力。

　　当你看完前面的文章，我相信你在这方面的能力一定会有所提升。也许你现在还意识不到自己有什么改变，仍然常常处于焦躁、自责、失控的状态，但请相信，你的内心和潜意识已经开始发生改变。

　　前面的文章都是在讲理解，讲觉察，讲我们应该怎么去定义自己，又应该如何去理解和定义他人。我们打破了很多生活中的

障碍和预设的标准，才能够看到在那些标准和预期之后的真实的
自己。

　　当关系让你觉得非常难受，甚至产生一种毁灭感和失控感的
时候，你可以尝试告诉自己，既然当下的所有东西都是会变的，
那么当下的失控也是会变的。想在失控的感觉里活下来，就要
先尝试稳住自己，用比较缓慢的有节奏的呼吸去调节情绪，让自
己进入一个相对平静的状态，然后再去觉察，去共情，去诠释和
理解。

　　最后，大家可以多做一些正念、冥想等能让身心放松的练
习，这也有助于提升觉察、共情和理解的能力。

第五章

高能量地活出淡定和喜悦

很多人的痛苦来源于不知道怎么和不够好的
自己相处。

理直气壮地自我表扬和自我满足

表扬能满足我们一定程度的自恋需求，相对自卑来说，我们每个人都更愿意活在某种适度的自恋中。

一

表扬能给人一种力量，真诚的表扬可以将这种力量传递。

先跟大家讲个发生在我身上的小故事。有一次，我浑身过敏，非常难受，去医院打点滴。在打点滴之前，护士会核对病人的名字和病历，有个年长的护士就问我是×××吗，我说我是。她看着注射单上我的名字和年纪，问我有没有冒用别人的号来打点滴，我说这确实是我本人。她笑着说她完全看不出我的年纪。

因为这件被表扬"看上去很年轻"的小事，我浑身痒痒的痛苦瞬间消失，而且有了持续很久的愉悦感。所以，表扬真的有很神奇的作用。

表扬能满足我们一定程度的自恋需求，相对自卑来说，我们每个人都更愿意活在某种适度的自恋中。

在后面的文章里，我们可以一起去重新思考一下"表扬"和"自恋"这两个词。表扬可以让我们产生心理能量，而自恋则是我们很需要的一种感觉，一种相信自己很棒的感觉。当我们遭遇挫败的时候，我们更加需要这种感觉，所以我们要在生活中多多发现可以表扬自己的地方。

二

平时我们很少表扬自己，是因为我们小时候适度自恋时，常常会遭受打击，自恋是不被允许的，所以我们根本找不到可以表扬自己的地方，也就无法从自我表扬中得到正向反馈。比如，小时候我们略自恋地跟妈妈说，这次我考了90分，比上次进步了15分，我感觉考得还不错。我们正准备表扬一下自己，结果妈妈立马泼我们一盆冷水，说分数比你高的多的是，再这样骄傲下去，你就会考得更差。

本来你想要自恋一下，结果却遭到了否定。久而久之，你就会丧失表扬自己的能力，因为你在潜意识里会觉得表扬自己的结果是糟糕的。

典型的抑郁症病人常常会陷入强烈的自责当中，就像跌入了黑洞，他在这个黑洞里觉得自己没有一件事情做得好。所以，我们需要经常觉察、关注自己是否活在了无法自我表扬的循环模式里。如果掉进了这样的循环模式里，就要把对自己的要求和预期调低到足以表扬自己的水平。

在降低对自己的期待的同时，也要避免被他人的期待绑架。如果你给自己定的标准很高，或者认同外界对你的期待，那你就很容易一直活在自己或他人对你的负面评价里，心理能量自然会耗尽，甚至陷入抑郁。

当你想要表扬自己时，出现了阻挠的声音，你需要去跟这些声音辩论。如果你不能肯定自己，你就会倾向于自我惩罚，又怎么谈自我满足呢？所以，只有能够肯定或者表扬自己，才谈得上自我满足。

三

满足自己是对自己内心需要的觉察达到一定深度时的表现。也许我们拥有足够的金钱来满足自己的物质需求，但这并不一定是在满足我们内心的需要。

比如我的一位来访者，他会通过买非常昂贵的鞋来满足他小时候不被允许买奢侈物品的内心需求，但他这样做就是在自我满足吗？也许他只是通过花钱来让自己感觉到他在满足自己。实际上，他内心发生了什么呢？在长达一年的咨询里，每一次他都在向我展现他对自己毫不留情的攻击和批判，这说明他并不能表扬自己，也不是真的在享受物质消费带来的自我满足。

我甚至觉得他常常在自我惩罚。

　　举这个例子是想说明，我们通过一些物质消费来满足自己，并不代表我们真的在爱自己、肯定自己。当然，我不是说所有这样的人都不爱自己，但我的很多来访者正是用这种看起来爱自己的做法掩饰着不爱自己的内在现实。他们希望自己更自恋一些，可他们的确力不从心，他们内心对自己依旧存在很多批判。所以，为了防御这种对自我的批判，他们下意识地在表面上做了很多满足自己的事。

　　所以，我们永远要在自我表扬、自我满足上保持觉察。人生的挑战如此之多，我们常常要和失败交锋，会有很多预定的目标无法实现。也许你工作很顺利，但孩子非常叛逆；也许你事业成功，但婚姻可能出了问题……总之，我们人生中总会有糟糕的事情发生。在咨询中，我的来访者在跟我讲人生糟糕的部分时，都会进入一个心理误区，他们会觉得自己很失败。我不断认真地告诉他们，所有人都会在生活中遇到自己解决不了的难题，每个人都是如此。也就是说，我们活在这个世界上都不容易。

四

　　既然每个人都这么不容易，那么我们怎么才能让自己感觉更好呢？怎么去滋养自己，让自己能够拥有更多的心理能量呢？重点就是要放弃自我批判，越是处在不够好的局面中，越是要表扬自己。

　　要做到这一点，我们就要避免对自己的绝对化评判思维。我们可以把自己过去和现在的表现拆分成多个模块，比如拆分成经济条件、婚姻状况、工作情况、亲子或者父母关系等模块，然后给每一个模块打分。

有一些模块你可能觉得真的很糟，那就给这些模块打相对低的分数，但我相信你总能找到一些自己表现还不错的模块。除非你现在真的非常抑郁，那你可能在所有模块上都会产生一种"我很糟"的感觉。只要你还没到这一步，你就一定能看到自己表现不错的地方，那就对这个部分进行大肆表扬，表扬之后再进行奖励。

心理学上有一个奖励机制的概念，我们做了一件事情，得到了正向反馈，就等于叠加了一个很好的心理反应。比如，我按时完成了作业，妈妈奖励我看一个小时电视，这两个经历叠加在一起，就形成了一个奖励机制。当这种奖励不断重复时，我们在潜意识里就会告诉自己，努力之后会有一个很好的结果在等着我。于是在很多时候，我们只要努力了，就能够感到快乐。

人体是很神奇的，大脑能分泌多种快乐素。通常情况下，快乐素的释放水平很低，但如果我们达成了自己预设的目标，作为奖励，大脑会分泌更多的快乐素。也就是说，实现目标给我们带来的感觉本身就是一种奖励。

反过来，如果你从小的成长环境让你很少获得正向反馈，你自己又不有意识地去表扬自己，还总是对自己期待过高，你努力之后，永远要承受父母对你的失望，承受你对自己的失望，那你大脑的奖励机制就无法运作。长此以往，我很难想象你哪来那么多动力去持续努力。

所以，无论是在人生中精进，还是提升心理能量，甚至是防范抑郁，自我表扬和自我满足都非常重要。

在内心建立一个空间，
装下不够好的自己

　　很多时候，我们出现心理问题或者情绪问题，最后引发精神疾病，其实是因为我们陷入了一种觉得自己无路可走的状态。而建立空间意味着我们绝不是无路可走，我们有选择或改变的余地。

　　"如何在内心建立一个空间，去装下不够好的自己"这句话中有两个动词，一个是"建立"，一个是"装下"。从心理学角度来讲，有时我们确实需要在内心创造一些意象，做一些动作，才能完成内心疗愈。

一

　　怎样才能在内心创造一些意象呢？
　　想象一个你喜欢的容器，比如盒子或者比较大的杯子，把它放进自己内心。接下来再想想你对自己有哪些不满，有哪些声音在对你内心进行攻击，有哪些事情是你原本认为可以做到，实际上却没有做到的。把这些都梳理一下。

如果有必要，你还可以拿一张纸，把这些自我指责、自我埋怨以及达不到期待的事情记下来。然后，将这张纸上记下的事情按顺序放进你刚才想象出的容器里。这样，你就完成了一次在内心构建空间，将不够好的自己装进里面的练习。

为什么我们要这样做？因为很多人的痛苦来源于不知道怎么和不够好的自己相处。当内心对自己有不满的时候，就会进入一个内心被不满充斥的状态。

我有一个朋友在事业和婚姻方面都非常成功，但是孩子在小学阶段出现了一些学习障碍。她已经被这个问题困扰大半年了，每次谈话，我都能感受到她的焦虑。我有一种深切的感觉，她生活中所拥有的一切对她而言似乎都不再重要了，她完全看不到她所创造的那些东西存在的价值，而只能看到自己在做妈妈这件事上的失败。

所以，我要提醒大家：当我们在内心给某件事打上负面记号的时候，它可能会扩散到我们整个内心，充斥所有自我认知的部分，使我们否定整个自己。**当一个人的内心被这种负面感受充斥的时候，他就会把负面情绪丢回给外界，形成一种负面的投射，进而影响各方面的关系。**

比如我这位朋友，她说她面对家人，很多时候都控制不了自己的情绪，可能在发火或者抓狂之后才会意识到自己有问题。其实，这就是因为她内在的那个情绪黑点不断扩大，在内心进行多次化学反应之后爆炸，扩散到她周围，将她内在和外在的整个世界都变得更为负面。

二

很多人把自己觉得不够好的地方装进容器，并且把容器盖上之后，会发现自己再也找不到其他满意的部分。这是我在咨询中经常碰到的一个现象，当我让来访者把困扰他们的自我责备装进容器之后，再请他们谈谈其他感受时，他们会告诉我：我觉得我的自我很空。

还有一些人总是活在纠结目标达成与否的艰难痛苦的状态中，而当我跟他们说你可以放下目标，将目标装在盒子里，然后看看你的自我里还有什么的时候，他们也会说感觉自我是空的。

是什么导致了这种情况呢？其实，我们之所以会被一些负面的东西侵占自我的全部空间，是因为我们从出生起，就没有从周围的关系里获得足够的能量和肯定来构建一个坚实的自己。

我们从来就没有从重要的养育者那里得到过非常真实的、值得信赖的肯定和接纳，还有认同。所以，我们不断提高对自己的期待，希望可以用更优秀的自己去获得他人的认同。我们在这条路上一趟趟往返，却找不到别的道路，因为我们始终没能构建出稳定的自我认知。

三

很多来访者问我怎样才能构建稳定的自我认知，我一般不会在咨询中给他们方法，因为如果有一个人来询问你应该怎么做，就意味着他仍然不知道自己是怎样的人。我会鼓励来访者自己去找那个答案，只有自己找到的答案才是最适合自己的。

有的人看了一些自我成长的方法论，虽然按方法做了，但觉得自己并不是真的成长了，而是觉得提出方法论的人非常神奇，他会将那个所谓的"老师"抬高，而将自己放在很低的位置上。还有一种人虽然按照方法做了，对提出方法的老师也深度认同，但当他发现自己依然做不到之后，只会进一步攻击自己，责备自己。

所以，在这本书中，我只在极少数时候提到一些练习步骤，但我不会说它是方法，我会引导大家尝试矫正性情感体验，就像我在咨询室所做的那样。

什么叫矫正性情感体验呢？过去，你总是被否定、被责备，得到的都是负面体验，因此构建了一个负面的自我意象。当你移除负面意象之后，你发现内在是空的，所以你需要注入一些新的关系体验来填补这个空缺。这就是矫正性情感体验。

走进咨询室是获得矫正性情感体验最有效的一个方法。在专业咨询中，你面对一个一直对你共情、倾听和理解的咨询师，而他又从不评判你，能够用他的专业技能给你提供一种长期的接纳，你每次跟他在一起都是在获得矫正性情感体验。那么，积极的意象会随着你们关系的进展而变得越来越稳固，越来越确定，你在潜意识层面就会发生改变。

当然，我们在亲密关系和人际关系中也可以获得一些积极的体验。但是，当这种体验不够多，或者不够一致的时候，比如这个人有时候认可了你，有时候又因为情绪而对你有些忽视，甚至对你有些攻击，那么你获得的情感体验就是混乱的、不一致的，你就需要不断地进行前面提到的这种心理练习，给自己补充矫正性心理体验。

四

最后，我还想强调一下"空间"这个词，这是觉察中的一个关键词。当我们产生负面情绪时，我们要站在观察者的位置去看自己。想象自己退后一步，留出距离，就可以有一个空间去接纳自己。

在关系里也是这样，有时候我们看到全然糟糕的对方，或者全然糟糕的自己，我们就把关系逼到了针锋相对、毫无回旋余地的局面。这是因为我们没有给关系预留一个空间来装不够好的自己或不够好的对方。所以，我们在关系中也要建立这样一个空间，创造一个相对大一点的容器，才有回旋的余地。

很多时候，我们出现心理问题或者情绪问题，最后引发精神疾病，其实是因为我们陷入了一种觉得自己无路可走的状态。而建立空间意味着我们绝不是无路可走，我们有选择或改变的余地。这个空间越大，我们就越不容易陷入某些令人痛苦的执念中，进入恶性循环状态。

撕下受害者的标签

把自己摆在受害者位置上的人，同时也会把对方摆在加害者位置上，这会给关系带来很大的问题。

一

在生活中，我们常常会为别人做一些事情。比如你约你先生去一家你觉得非常不错的餐厅吃饭，你提前订了位子，做了很多攻略，结果在餐厅吃饭的时候，餐厅周边的环境特别吵，并且餐厅里很拥挤，你先生很生气，指责你没有安排好。

这时候，如果你是一个有受害者标签的人，你就会觉得被深深地伤害了——我为你付出了这么多，而你完全没有看到我的付出。这种感受就是在被批评和指责的难过中叠加了很多委屈的成分，而这个委屈的部分是最让你痛苦的。

也就是说，如果一个人给自己贴上了受害者的标签，就会更容易让自己受伤。

那么，在前面的场景里，如果我们不把自己当作受害者，会有什么样的感觉呢？

首先妻子会觉得，她所做的攻略也好，她的精心安排也好，都是为了创造一个跟先生融洽相处的机会，这是她自己主观上想要去做的事情，比如让先生开心，跟先生共度一段浪漫时光等，她不会觉得这是多大的付出。

当先生表达不满时，她可能会感到不开心，但不会觉得很委屈，因为这只不过是自己想要达成一个与先生共度浪漫时光的目标，却出了点意外而已，这个结果是可以接受的。

所以，有没有受害者标签，对同一件事情的反应是不一样的，最终带来的结果也不一样。有受害者标签的妻子可能会生闷气，或发脾气，最终彼此争吵，不欢而散；而没有受害者标签的妻子顶多不开心几分钟而已。

二

当我们为一件事情付出了努力而没能得到想要的结果时，只要我们不把自己摆在受害者的位置，就能够一直处于对自己负责的状态，自我处于高自尊状态。

如果我们把有受害者标签设为A型，把高自尊、对自己负责设为B型，那么在生活中，你是属于A型人还是B型人？你的思维模式是偏向A型还是B型？

现实生活中，很多事情的结果都可能不如预期，而当这样的结果出现，人们被指责、抱怨的时候，无论是A型人还是B型人，内在的感觉都是很不好的，但A型人不好的感觉肯定会更多，他们会叠加很多内心戏，让负面的感觉变得更糟糕，让冲突和痛苦一并升级。

对方为什么不能理解你的痛苦呢？因为通常对方会把你当成能对自己行为负责的B型人来看待。比如前面那位丈夫，他觉得这是妻子的一个邀请，面对邀请，他欣然赴约，合情合理；他觉得妻子安排得不好，就表达出来，这也是合情合理的。所以，有受害者心理的人总是抱着要别人去体谅或感激他的期待，通常就会落空。

三

那么，有受害者标签的人是如何产生这样的情结的呢？我觉得，有可能他们的父母就是这样的人。父母那一辈的人可能就成长于把资源极度倾斜给孩子的家庭氛围中，所以他们从小就需要对家庭付出更多，才能让父母觉得生他们是有价值的。他们没有办法构建以"我"为主体的观念，而在成长过程中又很容易习得父母的这种心理模式。

当我们意识到这一点时，我们就要学会不断觉察内在的自己，不要跟随父母的脚步，而要不断作为一个主体，对自己的选择负责，不要被别人的反应或者结果的好坏所控制。我们要提醒自己，我付出再多，也是我自己乐意的，与别人无关。当我们能这样去想的时候，我们就只需承受结果带来的痛苦，而不会额外承受被辜负、被伤害的痛苦。

四

把自己摆在受害者位置上的人，会让自己变得非常脆弱，没有办法去接受对方的任何否定。

把自己摆在受害者位置上的人，同时也会把对方摆在加害者位置上，这会给关系带来很大的问题。如果我是一个受害者，那么世界上就充满了加害者；如果我是一个付出者，那么世界上就充满了剥削我的人、踩在我头上的人、欺负我的人。如果我们与世界的关系被投射成这样，那我们怎么能够得到平衡和幸福呢？

根据我的观察，多数人虽然不是全然以受害者的身份在生活，但是在关系中或多或少会带有这样的心理。这可能和人的控制欲有关，站在受害者的角度就有理由去要求对方。所以，这也是关系中的一个控制手段。

很多人常常在这种控制他人的手段上获得成功，但这只是暂时的，如果始终不觉察和改变，最后就会遭受非常大的挫败。

举个例子，在亲子关系中，很多孩子到了初中和高中会极度叛逆，让父母特别痛苦，这可能就是因为之前父母一直在用付出的方式来操控孩子——我养育你，为你付出了这么多，你就应该听我的。孩子可能在初中之前会听父母的，被父母道德绑架，但进入青春期，孩子的自我意识增强，要活出自己，父母的这套控制就不管用了，如此就会产生非常大的冲突。

所以，我们要从当下开始觉察，在亲密关系、亲子关系里，我们有没有以一个受害者的姿态，去达到操控对方的目的？如果我们能够意识到这一点，控制他人的想法或许就会产生一些松动。慢慢地，我们就能真正理解，关系不是拿来控制的，关系中的人应该是彼此独立的，只有彼此独立，才能够让每个人轻松活出自己。

怎样正确对待负性情感？

如果要做一个真实的人，活在一个真实的世界里，那我们就要承认负性情感是真实存在的、无法抹去的一部分。

一

哪些情感可以归为负性情感？其实就是那些我们很不喜欢的情绪反应，比如生气、愤怒，严重一点，甚至是怨恨、失望。这些非常负面的情感都属于负性情感。

生活中，很多人——比如讨好型人格的人——对自己要求比较高，希望永远在别人面前呈现出一个非常好的状态。还有一些人无法拒绝别人，总是非常在意别人的感受。这些人其实都是无法将自己的负性情感展现出来的人。

一个总是不表达负性情感的人，内心是什么样子呢？

我有一个来访者，她的成长环境中充满父母的争吵，而且吵得特别凶，她从小就是一个很乖的孩子。她告诉我，父母的争吵在她看来好像一个个炸弹，她很害怕去引爆父母，她觉得家里随时都会发生战争，所以她很惊恐，很害怕，很焦虑。

因此，她从小就希望自己是一个非常好的孩子，一个没有任何问题的孩子，这样就不会触怒她的父母。这种描述听起来令人心酸。因为有这样的童年模式，她在现在的生活中也是一个无法将自己的负性情感表达出来的人。

二

我们可以觉察一下：我们内心有没有被什么东西捆绑着？这种捆绑是不是和原生家庭有关？当我们在职场中、亲密关系中、和朋友的相处中感到不舒服的时候，这种捆绑是不是让我们无法将这种不舒服表达出来？当一个人侵犯了我们的界限，冒犯了我们，欺负了我们，我们是不是也无法反抗？

如果你觉察到自己是这样的，那你可以问自己一个问题：假如让这些负性情感都发出来，会怎么样？

有一个来访者说，他觉得这个世界会毁灭。还有人说，如果我这样做了，对方就会离我而去。也有人说，我不可以这样做，这是不被允许的。

他们之所以这样回答，是因为他们背后有一种巨大的阻力，阻碍他们把负性情感表达出来。那么，这种阻力究竟是什么呢？

第一种情况，如果你担心负性情感会毁灭这个世界，那么我要说，这是因为你太自恋了。比如前面提到的来访者，她觉得只要她把所有事情都做好，父母就不会吵架。这就是一个孩子的自恋，站在她的角度来看，只要这样做，就能在情绪如此不稳定的父母面前找到她能掌控的方式，一种很重要的保护自己的方式。

所以，在不稳定的家庭里长大的孩子，其内心可能是极为自恋的。他们会觉得只要我很乖，我就能掌控这个局面。但总有一天，他们会发现，局面并不是他们能够掌控的。

我们应该要做的是放下这种高度自恋，回到常规水准的状态。我们要意识到自己是一个普通人，我们的负性情感不是炸弹，并不会真的毁掉关系，也不会毁灭这个世界。

第二种情况，如果你觉得你表达出负性情感，对方就会离你而去，那么这可能意味着你有强烈的不安全感。如果你在婚姻关系中非常害怕伴侣离开你，所以没有办法表达你的负性情感，那么你可以告诉自己，就算你真的对对方破口大骂或者歇斯底里地发脾气，婚姻也仍然可以存在。

你可以做个记录，看看你这样做了之后，对方是不是真的会离开你。你可能会发现，过了一个小时，对方就忘记这件事了，或者时间长一点，两三天之后，对方就翻篇了。

我们就会发现，原来前面我们所有的担心只是一种幻想，是我们先入为主的那些强烈的内在阻力在影响我们。当我们用理智厘清这些阻力之后，我们慢慢就能表达自己的负性情感了。

三

如果要做一个真实的人，活在一个真实的世界里，那我们就要承认负性情感是真实存在的、无法抹去的一部分。弗洛伊德认为，人有生本能和死本能。我们的情感是爱恨交织的，我们既会爱一个人，也会恨一个人。

温尼科特也提出，母亲既会爱孩子，也会恨孩子。你看，即便是最纯粹美好的母婴关系，其中也有阴影存在。

所以，我们每个人都会有负性情感，这是合理的，这是真实的。

真实会带给我们力量，活得真实也是我们给自己的心理赋能的一条关键路径。接得住我们真实关系的人，才是能让我们获得滋养的人。而关系也是这样的，只有真实，才能够产生流动的情感。

我们的真实当中一定有负性的部分，我可能会恨你，会生你气，会讨厌你，我不可能365天每个小时都非常爱你。有时候，我在关系中想要逃离；有时候，我在关系中对你进行攻击；但有时候，我又想靠近你，觉得你是我最爱、最珍惜的人……所以，我们内心要有一个容纳的空间，去接纳生而为人的这种复杂而真实的情感。

当我们能够理解这些时，我们就能够在内心允许负性情感存在。这是我们做的第一个练习。

第二个练习就是在行为层面将负性情感表达出来，比如尝试去发火。

当你的孩子做了一件令你感到生气的事情时，你可以告诉他，妈妈生气了。反过来，你也要允许孩子在听到你提出的一些要求时可以生气。你允许了自己把负性情感表达出来，你也就能够允许孩子把负性情感表达出来。这样，我们就能够变得更为真实。

但是，我们也要牢记一点：表达负性情感不能是压倒性的、绝对化的。

我们在向孩子表达生气的时候，也要告诉孩子，妈妈虽然生气，但仍然爱你。要让孩子感知到这一点，要让他明白，妈妈不会因为对他生气或者不满意而离开他。

有时候，我们对孩子造成了很大的伤害，不是因为我们表达了负性情感，而是因为我们还表达了一种"我不想再和你在一起"的想法。在咨询过程中，我观察到很多妈妈之所以真的有那种要离开孩子的想法，是因为她们确实太累了，她们无法允许自己把负面的部分呈现出来。

实际上，能够长时间待在孩子身边，比较轻松地和孩子互动的母亲，是能够允许自己有时候生气，有时候愤怒的。她们越是允许自己这样，就越能用很真实的状态和孩子在一起，而不是强迫自己，也不是在掩盖什么。

总之，我们完全可以放下自恋，放下不安全感，真实地，同时也依然保留着善意或爱的情感去表达自己的负性情感。

怎样跟自己和解？

当我们能够对自己说出"没有关系"这四个字时，我们内在的冲突感就会消减，不和谐的感觉就会消减。

一

常常有人问我：作为一个咨询师，你是怎么治愈和改变你的来访者的？

我会这样回答他们：也许我从来没有像医生一样去治愈谁，我也没有像老师一样去改变谁，我在咨询中所做的一切事情只是为了帮助来访者达成与他自己的和解，进而能够实现与世界的和解，这样他就不会再始终处于各种内心冲突中。

如果一个人总是处在强烈的内心冲突中，他就会感到十分痛苦，心理能量就会被消耗，变得越来越弱。

内心的冲突表现为我想做一些事情，但我没有做到，我就会产生自责；或者我又想做A，又想做B，但是我无法去选择，所以处于纠结中；或者我在关系中有很强烈的不满，但是我又没有办法改变，我不知道是否应该结束这段关系，不知道怎样做是对的，怎样做是错的；等等。

一个有着讨好型人格的人，内心也会有强烈的冲突。一方面，他不自觉地去讨好他人，想要从他人那里获得肯定；另一方面，他内心又感到被忽视和压抑的痛苦。

心理咨询工作其实是围绕着如何消除来访者的内心冲突来进行的，相当于帮对方解开一条拧在一起的绳索，让他获得被疏导后的自然状态。其实这种状态就叫作和解，不再拧巴，不再混乱，不再有很大的心理能量消耗。

二

要实现与世界的和解，你需要先跟自己和解。

一个人内心有很大的冲突，就没有办法放过自己，就会非常压抑，受煎熬，内心处于很拧巴、很纠结的状态，像一团乱麻拧在一起。这时，他内在的心理能量是乱的，是互相冲突的，是张力很大又很让人不舒服的，他必然就会向外散发很多负面的情绪和感受。

这些负面的情绪和感受散发到外部世界，在心理学上称为"外化"。外化的结果是引起其他人的负面情绪，从而导致冲突。举个例子，一个人心情很不好的时候，可能买瓶酱油都会跟

售货员吵起来。一个妈妈心情很不好的时候，她的这份不开心就
会在全家人中蔓延。

广东有所学校的学生开运动会，举的横幅上写着：我爱学
习，因为学习让我妈妈快乐。这句话的意思是，我爱学习，不是
因为学习让我快乐，而是因为不学习会让妈妈不快乐，而妈妈不
快乐，就会殃及池鱼。

当我们的内在冲突非常强烈时，我们就很难有一个空间去容
纳关系中的那些交互，比如外界扔过来的负面情绪，像抱怨、愤
怒、攻击等等，我们和世界的关系就很难变得和谐。我们和世界
的关系不和谐，世界就会反馈给我们更多负面的部分，比如攻击
我们、苛责我们。

这就好像一句俗语所说，一个人倒霉的时候，喝凉水都会塞
牙。一个倒霉的人处于相对低落的状态，内心都是负面的能量，
对自己有很多抱怨和愤怒，同时也对他人有很多抱怨和愤怒，其
内部世界和外部世界其实都处于让人很不舒服的状态。

我接待过一个女性来访者，她的先生就是一个特别拧巴的
人，不善于表达，性格偏压抑，然后遭逢中年危机，在单位里不
是很得志。她感觉到先生的情绪状态不是很好，并且这种情况已
经困扰到她。比如先生带她和孩子出去玩，即便到了一个风景很
好的地方，先生也总能挑出很多毛病。如果挑不出毛病，他也会
说，这个地方风景这么好，怎么来的人这么少呢？

然后她给先生推荐了一个心理咨询师。起初，她的先生答
应去做咨询。但是，当她将咨询师的名字发给先生的时候，先生

说，这个名字看起来不好，给人一种很不舒服的感觉。妻子又给先生推荐了另一个咨询师，没想到过了两天，先生很生气地告诉她，他给咨询室的前台打电话，前台的态度特别不好。于是妻子解释说，咨询师跟前台没有什么关系，前台只是服务人员。但是先生很有情绪地说，不行，服务人员也代表了咨询师，服务人员让他感觉很不好，他不想去做咨询。

很明显，这位先生处于一个内在很不舒服的状态，然后他将这种内在的不舒服投射到了外部。他常指责妻子没带好孩子，没做好家务，跟公婆沟通得不好……这些都令他非常不满意。对环境他也很不满意。但是，这种不满意归根到底是他对自己的不满意，他在内心没有接纳自己。

三

我曾经写过一篇文章，叫作《不爽全世界的你，其实是不爽自己》，里面谈到这样一个现象：一个人喜欢撑天撑地，撑所有人，其实他想要攻击的是他自己。

他一定对自己有很多愤怒、抱怨和指责，所以他才会将这些情绪外化。而当他把情绪外化的时候，他会挑衅外部世界来攻击他，他会先去攻击外部世界，当外界来攻击他之后，他想要被攻击的目的就达到了。因为他在潜意识里可能会觉得自己做得非常不好，应该被惩罚。

可能有人会问：我攻击自己不就行了，我为什么要挑衅外界来攻击我？这里我们就要提到关系，一个人不会一出生就攻击自己，在成长环境中，由于达不到他人的期待，他就会被他人攻击，所以他形成了一种"一旦自己做得不好，就会被攻击"的心理模式。

这是一种强迫性重复。由于被攻击习惯了，他就会需要外界来攻击他。即便成年后，父母不会再骂他了，他也会下意识地去找别人来骂自己。一个受虐的人形成了一种被虐的模式，我们会叫他受虐狂，他可能会找很多人来虐他。

四

内在冲突带给我们这么多痛苦，那么我们应该怎么整合这些内在冲突，从而实现与自己的和解呢？

我在前面讲过，我们可以将自己定义为一个普通人，不再苛求完美，不再追求高光时刻，不再觉得自己是世界的中心，将对自己的期待降低，我们就会在一定程度上安抚好内在的自己。

我们要慢慢战胜那个被内化的父母的声音，要去跟父母的声音做斗争，要不断地在心里说"我不能成为你们期待的样子也没有关系""我做错了也没有关系"……当我们能够对自己说出"没有关系"这四个字时，我们内在的冲突感就会消减，不和谐的感觉就会消减。

不过，实现内在的和解是一条漫长的道路，因为我们要面对原生家庭对我们的各种复杂影响，以及亲人之间各种不和谐的状态，还有像滚雪球一样形成的种种代际传承因素。

所以，我们不能寄望于通过一些简单的练习就把内在的自己处理得非常和谐。我们所能做的就是观察自己是否处于不和谐的状态，去觉察、理解自己。这是我们每一个人的功课。

保持对自己的倾听和理解

只要我们能站在观察者的角度去倾听和理解自己，我们情绪的巨浪就会减弱，我们就不会条件反射地掉入过去的行为模式里。

一

每个人的成长都是在对自我这个部分做工作，不管是去修复自我的创伤，还是去满足自我的需求，甚至是纠正自我的一些错误，让自我变得更好。

在这个过程中，保持对自我的觉察和倾听非常重要。正念作为一种行为练习，能帮助我们较快地进入对自我的倾听和理解中。

正念是目前国外心理学界比较流行的疗愈方法之一，它的核心是让我们去观察我们内在的感受，只需要观察就好，不必对内在的感受做什么。这是正念的一个基础。倾听和理解就是带着观察者的态度，进入一个很接近正念的状态。

大家可以去网上找一些关于正念的练习，在这里我就不赘述了。

我们在这篇文章中要关注的是，一个人去倾听和理解自己，会给内心带来怎样的效果。

二

如果你的孩子考试考得非常差，可放学回到家还和以往一样磨磨蹭蹭地写功课，你让自己进入一个正念的状态，倾听和理解内在的自己，那么你要做的事情就是先觉察一下你现在的情绪是什么样的。

也许你会感觉到：现在我非常焦虑，内心充满担忧，我很担心我的孩子这样下去，期末会比期中考得更差；他写作业的速度这么慢，晚上就没有时间复习了；他这样去安排他的时间，我担心他没有办法养成一个很好的学习习惯，对将来的学习很不利……

当你觉察到这里，可以先暂停一下，问自己一个问题：如果我不是处在正念的状态下，也没有进行倾听和理解，那我会是什么样的状态，会去做什么？可能你会像很多妈妈一样，马上对孩子发火——"你要快一些！"，并且将这句话在一个小时内重复十几遍，还会不放心地一直在孩子身边待着。

所以，你虽然会做很多事情，却没有面对自己的焦虑和担忧，询问自己到底在焦虑什么，担忧什么。

有人可能会问：为什么我去觉察比我去做要好？那是因为当你去觉察的时候，你可以跨越对事情的焦虑，去问自己一些更深层次的问题，而这些问题的答案会使你突然明白，没有必要这么焦虑。那么，一场最终会让你后悔的发火或者冲突就可以避免了。

回到刚才的例子上，当你先去觉察，而不是先对孩子发火的时候，你的感受是什么？可能最后你会说，我觉得自己是一个不够好的妈妈。

我的来访者中，很多母亲告诉我，如果孩子出现了问题，不管是身体健康方面，还是学习成绩方面，抑或是人际关系，最后她们都会把问题归结到自己身上——如果孩子不够好，就意味着我是一个很糟的妈妈。

当你产生"我不是一个好妈妈"的深层感受后，你再往下问问自己：为什么我觉得自己不是一个好妈妈？这难道不是因为我对自己的期待太完美？如果我做不到完美，我能不能接纳自己？我能不能接受生活中的不完美，比如我没有办法给孩子提供完美的原生家庭，也不可能成为一个完美的母亲？

接下来，你可以回应自己：**所有的不完美其实都是生活的真相本身。既然生活本就不完美，那么没有关系，我能够接受一个做得不那么好的自己。**

我在咨询中对来访者说"没有关系"这四个字的时候，我是很真诚地去说的，不加其他形容词。而当我的来访者听到这四个字的时候，他们整个人都会放松下来。现在你没有在我的咨询室里，我也希望你能对自己说出"没有关系"这四个字。

三

再举个例子，当你觉得父母对你不满意的时候，你内心可能会产生强烈的自责和内疚。如果你不能够倾听和理解自己，你可能马上就会去做一些事情来消解这种自责和内疚的情绪。

比如跟父母说你给他们安排了旅游，或者给父母一些钱，或者按照父母的愿望去选专业、选结婚对象，接受他们给你安排的人生，这样你就不用面对那份内疚了。

但是，如果你可以倾听和理解自己，你就会在心里问自己：我的内疚感从何而来？我是不是真的有必要内疚？我有没有可能将内疚放在一边？因为它仅仅是一种感觉，虽然它非常真实，但并不意味着我要为了消解这份内疚感而去改写我的人生。

所以，只要我们能站在观察者的角度去倾听和理解自己，我们情绪的巨浪就会减弱，我们就不会条件反射地掉入过去的行为模式里。

四

最后举一个关于安全感的例子。一位妻子给丈夫打电话，丈夫没有接，妻子就处在一个很没有安全感的状态。如果她马上继续行动，可能就会给丈夫打20个电话，打到他接为止。而且，她会因为她打了19个电话丈夫都没接而产生很愤怒的情绪，可能会跟丈夫大吵一架。

但如果她在丈夫没接电话的时候能够退后一步，站在观察者的位置上去倾听和理解自己，她就有可能对自己说：对，我觉得很不安全。我为什么会觉得不安全呢？我在害怕什么？

可能这位妻子会听到自己的回答是：我害怕自己被抛弃。然后，她可能就会意识到，"被抛弃"只是当下的一种感觉，并不是事实本身。妻子可以再问自己一个问题：既然"丈夫抛弃我"并不是真的发生了，那我为什么会产生害怕被抛弃的感觉呢？

因为在这个情境中，妻子内在的创伤被激活了。可能是因为她小时候有过害怕被父母抛弃的恐惧感，所以总要抓住一些什么去确认对方存在。

当你意识到你是因为自己内在的创伤被激活而去控制丈夫时，你就可以对自己说，过去我还是很小的孩子，希望父母寸步不离，这是可以理解的，但是现在我成年了，要求丈夫寸步不离，这是不可能的。

当你能够理解自己内在的创伤，你就可以去拥抱一下你内心的小孩——那个曾经感觉跟父母在一起很不安全的孩子。你就会清晰地知道，要抛弃你的人并不是你现在的先生。然后，你会意识到你一直在控制先生，希望对方能够一直守在你身边，不要有任何断联的时候——这对成年男人来说是非常高的要求。

所以，你可以跟丈夫解释，是你内在的创伤导致了你这种缺乏安全感的行为模式，你希望对方能够理解你这种行为。

　　总之，当我们能够去自我倾听和理解时，我们在生活中就不会总因为一些不好的情绪反应而立刻去行动。慢慢地，我们就能够不断进行内在的觉察，自我成长。

一直奔波在目标里，
哪能活在当下

不能活在当下的人从来没有欣赏过花花草草，不曾驻足体验过世界的美好、人情的美妙，他所感知到的世界其实是狭隘而苍白的。

一

活在当下是现在大家很推崇的一种生活理念，但我们在生活中会看到，很多人虽然很喜欢和向往活在当下，却并没有真正地活在当下。

这可能是因为他们的生活状态是很急迫的，活得非常迫切的人是很难有当下的。

电影《阿飞正传》中有一段台词：世界上有一种鸟是没有脚的，它只可以一直地飞呀飞，飞得累了便在风中睡觉。这种鸟一辈子只可以下地一次，那一次就是它死的时候。

人一生的历程就是从出生走向死亡，活得迫切的人就像这种无脚鸟一样，必须一直飞，无法停下来。没有办法停下来的人，人生是没有停歇的，不管是对于家庭还是事业，他都在为成为更好的自己或者追求更大的成功而努力。一个目标达成了，他马上又给自己立下另一个目标。

对此，我可以给出一个心理学的解释：一个人停下来，处在什么都没做的空白中，可能就需要直面死亡的焦虑；而如果一直非常忙碌，有很多目标和实现这些目标的执念，就不用去面对空白人生带来的焦虑感。

所以，从某种意义上来说，**停不下来的人是在逃避死亡焦虑。**

二

没有办法停下来的人，最大的困扰就是累。有些来访者对我抱怨说自己非常累，好像十几年来从来没有休息过。他们往往会觉得：我很辛苦，我付出很多，我是如此重要，我为了这个家全年无休地在做很多事情……

当一个人这样对我说的时候，我会问他：你能不能让自己休息？我还会问：这真的是你想要的生活吗？

也许我不能替你做选择，认定活在当下或者停止对目标的追求的人生方式更适合你。我只是想提醒你，一直奔跑的人是没有当下的，因为他不会给自己机会去体验当下，在他眼中，当下永远都是不够好的。

　　我的一个来访者告诉我，更好的东西永远都在未来，而对此刻的自己，他无法感到满意。这也说出了很多人的心声，那就是我有什么理由去满足当下的我？

　　从表面上来看，这样的人似乎活得很求进取，但是这种不停歇的状态会带来很多问题，比如身体出现疾病，承受长期的精神压力，等等。

　　还有一个潜藏的危机，我在咨询中也常常看到的。当一个人付出所有努力也没有办法达成目标的时候，或者生活中突然出现了一些他无法掌控的巨大意外，这个人被迫停下来，他整个人可能就会垮掉。因为他的人生意义完全构建在这种奔跑上，他从来没有停下来去看看自己在生活中已经拥有的东西，从这些拥有的东西中获取人生的价值。

　　他原本的模式是"我要，然后我去努力"，实际上就是"我去控制，然后我能够得到一个控制的结果"。当生活冲出控制的轨道时，他体验到的不只是对这件事本身的失控，更多的是对未来的失控。

　　我的一个朋友不小心摔了一跤，而且摔得比较严重，身上几处骨折，在床上躺了几个月。因为这样的意外，他还被公司解雇了。生活和事业上的双重打击超出了他的控制，使他进入了抑郁的状态。在抑郁缓解的时候，他又出现了焦虑的症状，他非常担心自己的身体，于是出现了疑病症的倾向。

　　这说明没有活在当下的人，一旦生活出现意外，就可能会被强烈的失控感击倒，轻则消沉，重则进入一种焦虑或抑郁的病理性状态。

三

从这个角度来说，活在当下是比较好的人生状态。为什么有的人很害怕衰老，而有的人能够坦然面对衰老呢？可能不害怕衰老的人是能够活在当下的，他能够珍视自己现在所拥有的一切。

有的人也许会质疑我，认为我在否定进取的价值。生活中的确有很多这样的人，如果你对他说要活在当下，他马上就会觉得你是在让他不思进取。

但进取和不断进取、努力和无法停止努力、要求和要求越来越高是完全不同的概念。"进取""努力"和"要求"这三个词本身是中性的，无所谓积极或消极，但是不断进取、无法停止努力和要求越来越高这三件事会消耗我们内心的能量，让我们无法获得满足感和幸福感。

我有一位很害怕衰老的朋友，他看到自己头上的白发，就会担心自己越来越没有能量，不知道今后要怎么去达成不断进取的人生目标，所以他常常会焦虑失眠。

其实，这也是很多人行至中年乃至老年需要去面对的巨大的心理危机。很多人到了这个时候才会明白，我要重新构建我的人生。

四

活在当下为什么是我们现在很推崇的一种生活方式？实际上，它传递的是一种人生的真实。

每个人的人生都会走到完结的那一刻，无论你在人生中经历过什么辉煌或不堪，到了人生完结的时候，你的生命本身、你这个人，连同你的名字，都会消亡。

有一部讲死亡的动画片，叫作《寻梦环游记》。一个小孩踏入了亡灵所在的领地，想要完成他对音乐的追求，但是那些亡灵想方设法要把他送回人间。这个故事表达的一个重要主题是，当一个肉身死亡的人不再被活着的人记得时，他就彻底不存在了，连在亡灵的世界里也不再有一席之地。

这个故事让我们意识到，如果有一天我们不在了，而记得我们的人也不在了，那我们就等于彻底归于虚无，就好像从来没有存在过。

也许是因为我们难以接受这份必然的消亡，所以我们不断朝着目标进取。这可能是一种回避，我们是在用这种像无脚鸟一样不停地飞翔的方式来给自己制造一种错觉，一种"我待在永恒的追逐里，生命就不会结束"的错觉。但是，这种"永恒的追逐"会让我们活得非常累，而且最终这种错觉也会幻灭。

五

活在当下的人生态度引导我们去肯定和珍视自己现在所拥有的一切，让我们将投向未来的目光收回来，重新审视当下的自己。

那些觉得当下的自己不够好的人总是拿自己跟拥有更多的

人去比较。这种比较的意义到底在哪里？他会活得快乐吗？如果可以开个玩笑，我会跟他说，你是为了让自己不舒服，才这样做的吧？

活在当下能让我们看到眼前所拥有的美好事物，比如温暖的家庭、可爱的朋友、真挚的同事；能让我们将生命中那些宝贵体验当作我们的人生财富，从当下的这种获得感中获取心理能量。

我们生命中的一些时间是需要拿来浪费在美好的事物上的，这会增加我们的感官体验和内心的丰富度，使我们不断获得幸福感。不能活在当下的人从来没有欣赏过花花草草，不曾驻足体验过世界的美好、人情的美妙，他所感知到的世界其实是狭隘而苍白的。

所以，活在当下是让我们更贴近幸福本身的生活方式，而始终非常迫切地朝着目标奋斗会让我们一直消耗内心的能量。我们需要在追求目标和休息之间保持平衡。

整个生命都是我们自己的，为什么不能够拿出一些时间来浪费，尤其是浪费在美好的事物上呢？这是我们对自己的生命所享有的权利。

心理练习：
过自己说了算的人生

一

　　我们之所以非常在意外界的评价，可能是因为小时候父母没有给我们足够的接纳。不是我们有问题，也不是我们很糟糕，只是我们无意识地活在"总觉得自己不够好，应该去满足他人的期待"的心理模式里，将别人的价值评判体系当作我们自己人生的法典。

　　现在，我们需要去建立一个属于自己的法典，用自己所认同的一套内在评判体系去对抗外在的评判。也许"对抗"这个词对有的人来说是比较激烈的，但人生之路上，狭路相逢勇者胜，这是我在咨询工作中产生的一种很强烈的感受。

　　很多人之所以处在非常糟的状态里，是因为他们在生活中一直承受着别人的攻击和期待而无力反抗。他们觉得父母或者伴侣对他们的期待是对的，他们做不到是因为自己真的很差，或者还不够努力。

但是，如果别人对你的期待，包括那些披着美好外衣的期待，超过了你的承受能力，那么这对你而言可能就是一种伤害。

假如一个人很有歌唱的天赋，当他一展歌喉，大家都会驻足聆听，所有人都认为他应该登台做一个歌手，但他并不喜欢成为舞台的中心，他内心更愿意自己成为普通人中的一个，他并不享受在舞台上的感觉。

那么，如果他不去做歌手，他就需要对自己解释：为什么我有能力，却不愿意发挥出来？很多时候，我们会卡在这一点上：外界认为我有这个能力，我也知道自己有这个能力，这是不是意味着我必须要将我的天赋发挥出来，以实现某种意义？

如果这个不享受舞台的人在外界期待的捆绑下做了歌手，他内心真的会快乐吗？

就像我的一个来访者，他忧心忡忡地告诉我，他被领导提升为部门主管，但这其实并不是他想要的。

领导为什么要提升他呢？因为遇到工作难题的时候，他都非常出色地完成了任务，包括做一些很紧急的文案和很复杂的资料整理，他确实比同事们更优秀，做得又快又好。

在领导看来，这种提拔对他而言是一种照顾，是给了他更好的机会和平台，让他去负责更多的事情。但是，他自己喜欢吗？

事实上，我的来访者告诉我，他是花了很多精力才做得比别人出色的。因为他是一个很焦虑的人，写一篇材料收集的资料远比其他同事多，他的大脑能够同时处理很多信息，所以他熬一晚，花五六个小时，就能够交出一份很出色的报告。

在别人看来，他比那些花四天时间才能做出报告的同事能干得多。但实际上，在这个过程中，他的能量消耗可能也比其他同事多，因为别人在这四天里并没有像他一样，调动全身所有的能量去工作。

周围的人只看到他的能力，但他把能力发挥出来的这个过程其实是很累的，在五六个小时高强度的专注工作之后，他可能需要三四天甚至更长的时间来休息调整。

如果他也认可外界的标准，觉得自己应该比现在做得更好，那么当他处在更高的岗位上做得不够好的时候，他就会非常痛苦。

所以，我们在很多事情的判断上需要建立一个"我自己说了算"的评判体系。

人生的几十年里，我们都活在很多毋庸置疑的道理中。比如，有志者事竟成；你做得不够好，是因为你不够努力；人活着就应该不断地进取，一旦停下来，就会被超越；浪费时间是不对的；能者多劳，你有能力就应该发挥出来，否则就很可惜……

这些理念并不是你内心一开始就有的，而是你认同了它们。也就是说，你也可以从现在开始去改变这些看法。

我们永远应该保留对自我的一种权利——我能够自由地去选择，我可以认同，也可以不认同；我可以过去认同，现在否定。我们是可以改变的，我们是可以调整的，我们是可以创造的。

二

当然，这样做并不容易，因为我们要去对抗那些根植在我们内心深处的声音。但是，如果不去对抗，我们就很难捍卫自己的标准。

在人际关系中，大家不断地相互投射，我们总是会无意识地想要去更多地控制和影响他人。这种无意识无关对错，这是人的一种本能。

但我们活在这个世界上，想要活出自己，不被他人绑架，就必须能挡住来自别人的投射，将别人的控制拆解，并且顶回去。此外，我们也要更少地去控制他人，这样我们内心才会更自由。

建立属于自己的评判体系，不盲目地跟随别人的标准，这是我们成为自己的非常重要的一步。理解和接纳自己，我们越能抱持住不够好的、不够完美的自己，就越能获得自由的空间，拥有更大的空间去做自己。

无论你做得更好还是更差，都不影响你作为一个人存在于这个世界的意义。

如果我们只活在他人的肯定或价值衡量中，就是在物化自己。每一个人所拥有的独特的心灵、独特的感受、独特的情绪就是我们作为独立个体存在的意义本身，这已经是一种意义，不需要再次证明。

三

在这本书中，我们反复提到"心理能量"这个词，这个概念是心理学家荣格提出来的，心理能量是一个人的人格正常活动和发展所需的一种能量。

我们从关系中获得能量，但很多时候，关系又在消耗我们的能量。我们无法拒绝关系，我们活在这个世界上，关系是不可或缺的，但我们可以思考如何在关系中活得更自在，而不是被关系捆绑。我们可以跟他人保持一种相对独立而又亲密的关系。

其实，不被关系绑架反而更容易建立真正的亲密关系。我们常常担心如果不去满足对方的愿望，可能就会失去关系，但事实并不是这样的。我们呈现出真实的自己，真实的爱恨流动起来，才能创造出真实的关系。如果对方能够接住真实的你，也能在你面前呈现出真实的他，那么你们的关系就会更进一步。

很高兴能陪伴你走过这段心理旅程，希望那些关于自我真相的讨论会像一颗种子，慢慢地生长在你内心，给你带来心理能量，让你产生认知改变，帮助你获得真正的疗愈。

图书在版编目（CIP）数据

我值得拥有美好 / 周小宽著 . -- 长沙：湖南文艺出版社，2021.1

ISBN 978-7-5404-9818-4

Ⅰ. ①我… Ⅱ. ①周… Ⅲ. ①情绪—自我控制—通俗读物 Ⅳ. ①B842.6-49

中国版本图书馆 CIP 数据核字（2020）第 206556 号

上架建议：畅销·心理

WO ZHIDE YONGYOU MEIHAO
我值得拥有美好

作　　者：	周小宽
出 版 人：	曾赛丰
责任编辑：	丁丽丹
监　　制：	于向勇
策划编辑：	刘洁丽
文案编辑：	郑荃
营销编辑：	王凤
封面设计：	末末美书
版式设计：	李洁
内文排版：	麦莫瑞
出　　版：	湖南文艺出版社
	（长沙市雨花区东二环一段 508 号　邮编：410014）
网　　址：	www.hnwy.net
印　　刷：	三河市兴博印务有限公司
经　　销：	新华书店
开　　本：	875mm × 1230mm　1/32
字　　数：	196 千字
印　　张：	9.5
版　　次：	2021 年 1 月第 1 版
印　　次：	2021 年 1 月第 1 次印刷
书　　号：	ISBN 978-7-5404-9818-4
定　　价：	48.00 元

若有质量问题，请致电质量监督电话：010-59096394
团购电话：010-59320018